あえて選んだ せまい家

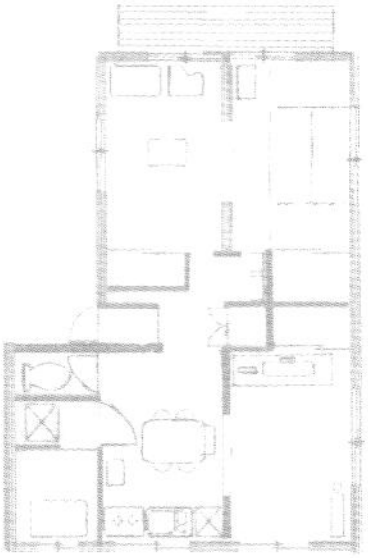

〝狭い家〟と〝広い家〟どちらがいい？

と聞かれたら……。
ほぼ100%の人が、広い家と答えるのではないでしょうか？
そして、ほとんどの人が、広い家のほうが、
より豊かな暮らしができると考えていることでしょう。

もっと広ければ、すてきに暮らせるのに。
もっと広ければ、家は散らからないのに。
もっと広ければ、収納場所を気にせず、モノが買えるのに。
こう考えて、広い家を夢見ている人も多いかもしれません。

でも、本当にそうでしょうか?
狭い家は、そんなに残念なことでしょうか?
狭い家は、広い家に劣っているのでしょうか?

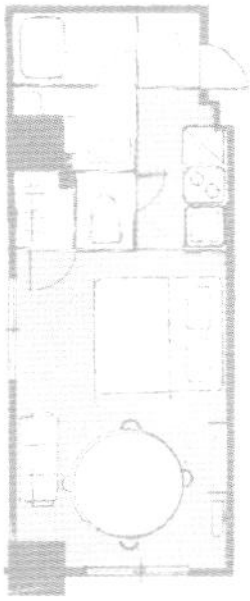

そんなことはありません。
狭い家には、広い家にはない、いいところがいっぱい。
そんな狭い家のいいところを楽しみつつ
自分たちなりにいろいろ工夫しながら
心地よく、快適に暮らしている8家族の暮らしぶりを
この本ではご紹介していきます。

もっと広い家で、もっと欲しいモノに囲まれて。
そんな風に、〝もっともっと〟と思い続ける時代では
もしかしたら、もうないのかもしれません。

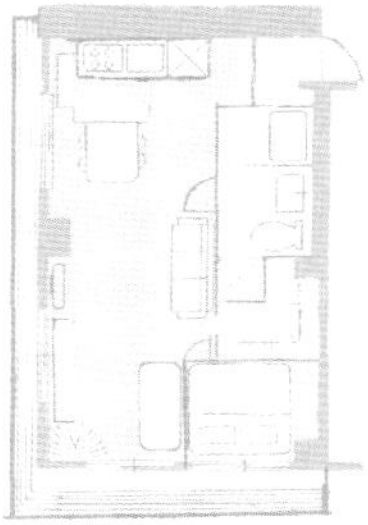

広い家もいいけれど、
狭い家にも魅力がいっぱいで豊かだな
狭い家という選択肢もありだな
狭い家にあえて住んでもいいかもしれない

狭い家が新たな選択肢のひとつになったり
狭い家でのいろいろな工夫が暮らしに役立ったり。
そんな風に読んでいただけましたら、
この本にとって、なによりうれしいことです。

55㎡
5人暮らし

のこのこママさん宅
主婦

昭和を彷彿とさせる
昔懐かしい住まい方のおかげで
窮屈さを感じません。
のびのび、心豊かな日々

P.12

59㎡
3人暮らし

さいとうきいさん宅
ライフオーガナイザー

狭い家にはメリットがいっぱい。
自分たちが重視したいことを
冷静に分析したら、
自然と狭い家にたどり着きました

P.34

30㎡
2人暮らし

柳本あかねさん宅

グラフィックデザイナー
カフェ&バー「茜夜」店主

狭いことはマイナスではなく、
むしろ、プラス。
あえて狭い家に引っ越したら
快適な暮らしになりました

P.56

52㎡
3人暮らし

能登屋英里さん宅

会社員

広さに執着しなかったことで
こだわりインテリア×
あこがれの立地という
いちばんの願いが叶えられました

P.78

53㎡
4人暮らし

マキさん宅

会社員
シンプルライフ研究家

シンプル暮らしが身についたのは、狭い家に鍛えられたおかげ。日々の家事がラクになり、心と時間に余裕が生まれました

P.100

53㎡
5人暮らし

鈴木さん宅

フリーランス編集者

家族全員がいっしょに暮らせる時期は長くない。合宿感覚を楽しみながら、小さい暮らしを満喫中

P.122

35㎡
2人暮らし

飯島 寛・尚子さん宅
会社員・ライター

狭い家のおかげで、
身軽に、自由に生きる力を
身につけることができました。
家に縛られない暮らしです

P.144

47㎡
2人暮らし

加藤郷子宅
編集者兼ライター

掃除や片づけがラクで
金銭的負担も減る。
モノも増えないから身軽。
狭い家のメリットを存分に享受

P.166

55㎡
5人暮らし

のこのこママさん宅
主婦

昭和を彷彿《ほうふつ》とさせる
昔懐かしい住まい方のおかげで
窮屈さを感じません。
のびのび、心豊かな日々

のこのこまま　月刊誌『サンキュ!』（ベネッセコーポレーション）のインテリア取材を受けたことをきっかけに公式ブログも開始。シンプルだけど温かみのある暮らしぶりが人気となり、折々に誌面にも登場。http://39.benesse.ne.jp/blog/1064/

ほとんどなにも置いていない
和室は、夜はふとんを敷けば
寝室に早変わり。ふとんをし
まえば、でんぐり返しも元気
よく。音がうるさくなること
を考え、１階を選びました。

狭いスペースを有効に使えるのは、昔ながらの、ふとん&ちゃぶ台生活のおかげ

夫婦ふたりと、小学3年生を筆頭にした3人の子ども、計5人で暮らすのこのこママさん宅は、55平米の３ＤＫ。元気盛りな子どもが3人もいれば手狭になりそうな広さです。でも、子どもたちが自由にのびのびと遊んでいる様子を眺めていると、狭い印象は一切ありません。どこもかしこもゆとりたっぷりです。

のこのこママさん宅を眺めていると、古きよき、昭和な暮らし方を思い出させてくれます。和室があり、収納は押し入れという間取りや、味わいのある古家具を愛用している影響もあるかもしれません。モノはかなり少なく暮らしているのに、殺風景な寂しさはまったくなく、暮らしの豊かさがギュッと詰まっていて、家族のハッピーオーラが漂っています。

5人がこの家に引っ越してきたのは、3年前。近いうちに社宅を出なければならないということが分かり、それなら長男が小学生になる前にと引っ越しを決めました。小学校がすぐ近く

和室には、棚がひとつ。隣の洋室もちゃぶ台と、おもちゃなどの収納に使っているトランクや行李（こうり）があるくらい。ちゃぶ台は、あちこちに持ち運びでき、使っていないときは畳んで収納できるので邪魔になりません。

にあるということが決め手になって選んだ住まいでしたが、90平米以上もあった社宅から55平米へ、一気に空間がサイズダウン。「賃貸住宅の選択肢があまりないエリアで。遠い小学校へ心配しながら送り出すよりはいいと思って決めました」。

この物件を住まいにすると決めたのは、押し入れがあったから。「5人分のふとんが収納できないと、ベッドを置く必要があり、部屋が狭くなってしまうというのが理由です」。はじめから、昭和的なふとん暮らしを想定していました。ふとんさえ押し入れにしまえば、寝室もあっという間になにもない空間になり、暮らしのスペースが広がるからです。

持っている大きな家具は、ダイニングテーブルと椅子だけ。あとはひとりでもラクラク運べるような小さな古家具がいくつかと、ちゃぶ台です。ちゃぶ台は、必要なときに必要な部屋に出してきて使います。ふとんやちゃぶ台のおかげで、キッチン以外の部屋は簡単に空っぽにできる状態になりました。「どの部屋も多目的ルーム。今の私たちの暮らしにはそれが合っているので、そのときどきに合わせて使い方を変えています」と、のこのこママさん。ふとん&ちゃぶ台生活は、狭いスペースを有効活用するためのいちばんの解決方法。昭和を彷彿とさせる、昔ながらの暮らし方を採用したおかげで、家族がのびのび暮らせるようになりました。

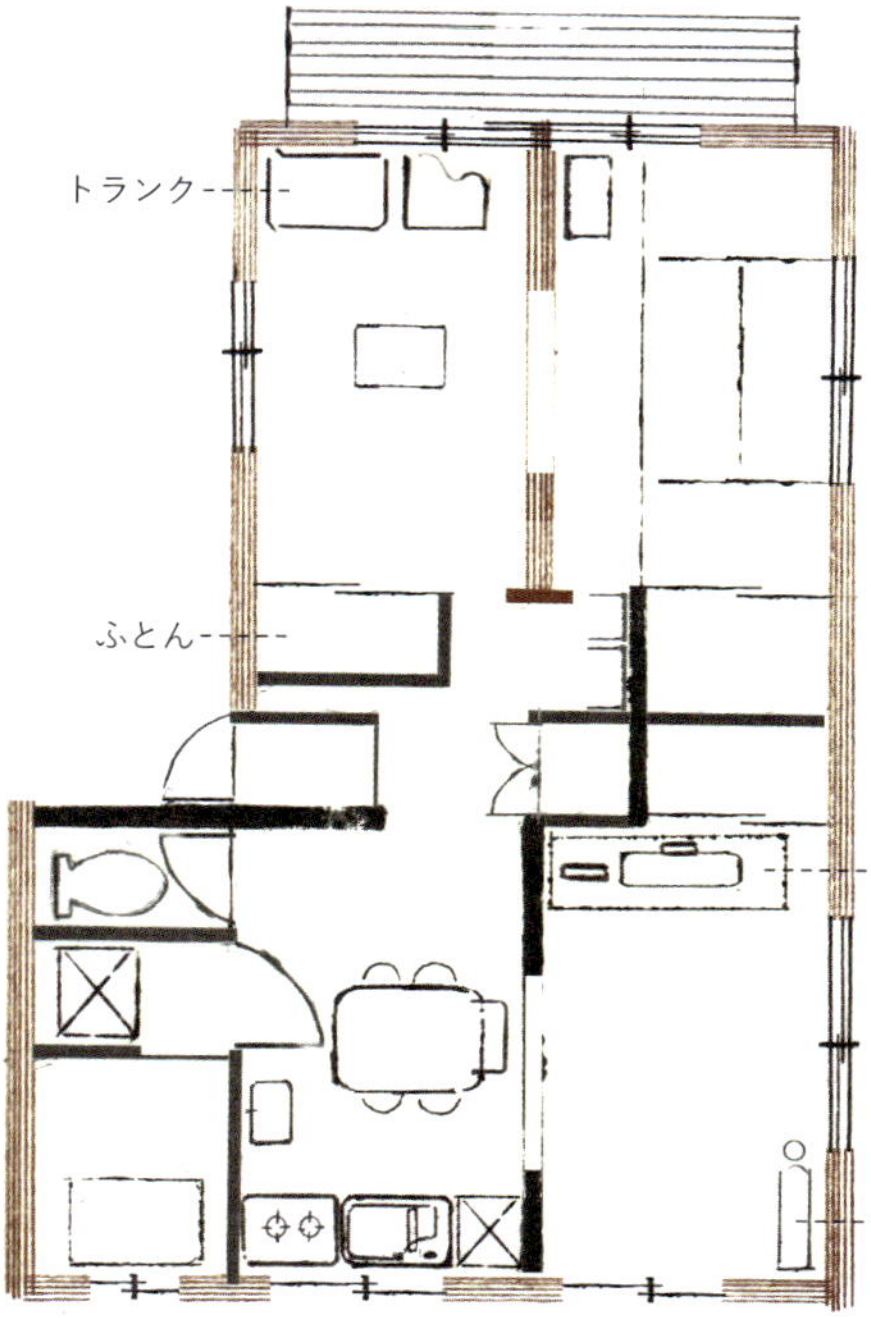

▲ダイニングキッチン

DATA

５人暮らし（30代前半の夫婦＋長男小３＋長女小２＋次女４歳）

55㎡　３ＤＫ（ＤＫ６畳＋洋室６畳×２＋和室６畳）

築23年（住んで３年）

集合住宅（賃貸）

千葉県のベッドタウン

基本は車で行動する地域

必要なモノはちゃんとある。
でも、不要なモノは持たないからシンプル

インテリアが好きで、社宅時代は自分でアンティーク加工を施した手作り雑貨などをいろいろ飾り、「かわいいインテリア」を目指していたこともあった、のこのこママさん。古道具にもはまり、今よりもたくさん、いろいろなモノを持っていたそう。そんなインテリアが雑誌の編集部の目に留まり、取材を受けたこともありました。でも、子育て真っ最中の日々のなか、せっかく飾った雑貨はほこりがたまって掃除が大変になるうえ、元気いっぱい遊び回る子どもたちにとっては、ぶつかったり、け飛ばしたりしてしまう邪魔なモノでした。ある日、子どもたちとのバタバタな暮らしにそぐわない「かわいいインテリア」が、ふと、ばかばかしくなり、雑貨類から少しずつ処分をするようになっていったのだそう。すると家は広々感じるし、大好きな古家具も際立つことに気がつきました。そんなシンプル暮らしの魅力にはまりはじめた頃に狭い家に引っ越しをしたので、より不要なモノを手放す方向へと舵をとることに。

古家具の味わいに惹かれるという、のこのこママさん。以前は食器棚として使っていた茶棚には今はときどき使う食器を飾るように収納。まわりにモノを飾りすぎないほうが古家具の存在感が生きます。

大きい家具はこのテーブルだけ。子どものころの思い出もいっしょに、両親から引き継ぎ、古いモノの魅力に目覚めたきっかけの家具です。

「家が狭すぎて、開きなおったと思います。以前はソファも電子レンジなどを置く大きな棚などもありましたが、この家に引っ越してくるときに処分。本当にたくさんのモノを処分したので、その経験を二度としたくないと感じ、モノを増やさなくなりました」

電子レンジも、炊飯器も、トースターもありません。鍋や焼き網などで代用できるから不要という考えです。キッチンカウンターがなくても、ダイニングテーブルがカウンター代わりになります。食器も、キッチンのキャビネットの中と茶棚に少々。一時期はモノを減らしすぎて、気持ちがギスギスしてしまったこともあったそうですが、その時期を経て、今は、必要なモノは全部持っていて、適量だと感じる状態になりました。

「夫からくつろぐための座椅子が欲しいとリクエストされたときは、モノが増えてイヤだと思ったけれど、家族がくつろぐために必要なモノだから購入を決めました。でも、使いやすさを考えて吟味し、気軽にどこの部屋にも移動でき、広げたら大きな座布団のように使えるモノを選択。処分にはいくらかかるかも確認してから買いました」。こんな風に、活用方法や、先々の処分のことまで考え、それでも必要と感じるモノだけを買うようになった、のこのこママさん。それがシンプル暮らしをキープできている秘訣のようです。

今の暮らしを前向きに。デメリットも見方を変えれば、メリットになる

狭いうえに、ダイニングキッチンに洗面シンクがあるなど、使いにくいところが多いと感じた現在の住まい。「入居当初は、イヤだ、イヤだって泣いていた」ほど、好きになれなかったそうですが、不要なモノを減らして部屋が広く感じるようになってからは、「この家と向き合おう」と気持ちの転換ができるようになりました。「賃貸だし、とりあえずの暮らしだし、別にいいと思ってしまうとそこで止まってしまいます。ちょこちょこと工夫し、愛着を持って暮らしていたら、この家での暮らしが気持ちいいと思えるようになり、好きになれました」。

狭い家だと掃除するのもラクだし、毎日足を踏み入れない部屋はないから、イヤでも家全体に目が行き届く。ダイニングに洗面シンクがあれば、寒かったり暑かったりする別の場所にある洗面所に行く必要がないし、子どもたちがちゃんと手を洗っているか、目の端で確認もできる。いつも洗面所が丸見えになるから、こまめに掃除をするようになる。

右上・右下：毎日使う食器は、ステンレスのかごに入れてコンロの下に。かごごとテーブルに取り出せば、準備もあっという間。片づけもラクです。毎日取り出すので扉ははずしています。残りの器は吊り戸棚の中に。左：洗面シンクがなぜかキッチンにあり、はじめは家具のレイアウトがしにくいと感じましたが、子どもの様子が確認できるからよしと今は前向きに。

デメリットと思っていたことも、違う方向から見るとメリットにもなると気がついたおかげで、この家で前向きに暮らせるようになった、のこのこママさん。「もちろん、欲を言いはじめたら、不満は出てくるけれど、自分たちの身の丈を考えたら、ここで十分です」。

狭い家で満足すれば、専業主婦を続けられる 家にいて、家や子どものことを考えるのが、私は好き。

都心ではないこともあって、一軒家を建てて暮らしている人も多い地域。のこのこママさんも以前は戸建てへのあこがれを持っていたそうですし、いつかは買わなきゃと思っていた時期もありました。でも、今の暮らしを楽しむうちに、狭いことや賃貸に対してのマイナスイメージがなくなり、戸建てを買うことが必ずしもゴールだと思わなくなったそう。

「借りものだけど自分の家だし、ここでの暮らしを大切にしています。大きなローンを抱えて縛られるより、なにかあったときの逃げ道がある今の生活のほうがいいなと思うようになりました。家を買ってしまうと夫が転勤となったときなどに、身軽に動けないし、選択肢が狭くなる気がして。それから戸建てを買って生活を大きくしたら、ローンもあるし、たぶん、私も少しは働くことになると思うんです。広い家に引っ越せたとしても、家で過ごせる時間が少なくなるのは、私は残念です。毎日子どもが学校から帰ってくるのを家で迎え、子どもたちががんばっている空手道場の送り迎えもしたい。私は家が好きで、家のことをいろいろするのが好き。専業主婦でいられなくなるなら、この狭い暮らしでいいかな。現状に満足することって大事だ

キッチン横の洋室にはテレビが。奥の押し入れは半分開けておくことも多いので、古家具などの味わいのある引き出しや箱を使って収納。棚代わりなので、花を飾ることも。下の小引き出しには、文具や工具を収納しています。

Ｐ25の押し入れの右側は、子どもの学用品置き場。帰宅したら、ランドセルをまっすぐ持って行きます。ダイニングのそばなので、習慣にしやすく、出しっぱなしになりません。ゆとりを持って置ける状態なのも片づけやすいゆえん。

と思うんです」

他人と比べない。自分たちの収入や立場をきちんと把握して上ばかりを見ない。そう決めたら、賃貸暮らしをポジティブに捉えられるようになりました。転勤などがない限り、次女が小学校を卒業するまで、後8年ほどはこのままここで暮らすことも想定しています。

数は少なくても、好きなモノに囲まれているから心は満足。増えすぎることにもならない

キッチンの吊り戸棚の扉を開けても、がら〜ん。食器棚として使っている古家具もゆったり。押し入れを開けてもまだまだモノが詰められる状態。55平米で5人暮らし、必要なモノはちゃんとあるといえる状態なのに、こんなにモノが少なく暮らせるコツはなんなのでしょうか？

「子どもが大きくなるに従って、やっぱりモノは増えることは実感しています。洋服だって、枚数は変わらなくても体が大きくなっているので、以前のように引き出しケース1個分という

わけにはいかなくなっています」。とはいえ、家族5人分の洋服は、オールシーズン合わせて、すべて1間の押し入れにおさまる量です。子どものモノが増える分、自分のモノは減らしているかもしれないと、のこのこママさん。でも、我慢しているわけでも、子どもの犠牲になっているわけでもなく、そうやって子どもの成長が感じられることが幸せだと思っています。

「家で使うモノを選んでいるのは私なので、私だって買い物を楽しんでいますよ。日用品、例えばティッシュや文具ファイルひとつだって、自分が好きだと思うモノを選んで買っているから、洋服や雑貨、器を選ぶのと同じくらい楽しいです」

持つべきキッチンツールや文具、そして消費していく日用品。必需品をお気に入りのモノにしていくことで、飾るための雑貨をわざわざ買う必要はなくなります。「ざるだって、鍋だって、はさみだって、私にとっては大好きな雑貨。買うときも、使うときもウキウキできます」。そうやって実用品をすべて好きなモノにすると意識していれば、心は満足するので、余計なモノを増やさずにすむというわけなのです。

洋服もシーズンごとに、流行を取り入れて数着買っています。それを定番の服に合わせながら、シーズン中、これでもかというくらい着倒すので、そこまで着れば翌年まで持ち越すことはまれになるのだそう。ちゃんとおしゃれだって楽しんでいますが、洋服はつねに循環しているので増えすぎることもありません。

子どものおもちゃも同じ。3人の子どもがいるとは思えないほどの少なさです。「おもちゃがなかったらないなりに、子どもは遊びますし、見ていると工夫しています。それから、クリスマスプレゼントはおもちゃですが、誕生日はモノではなく、子どもたちのお願いごとを叶えることにしています。子どもが3人いて、それぞれの誕生日とクリスマス両方におもちゃだと、

古い行李やトランクの中にはおもちゃが。形が揃わないおもちゃもラクラク受け入れます。

ブロックは竹ざるや小引き出しの中に。引き出しの中は長男が色別に収納しています。子ども用の収納グッズをわざわざ買わず、あるモノを活用。

あっという間に増えちゃいますから。ディズニーランドとか、焼き肉食べ放題とか、かえってお金がかかることもありますが、みんなで出かけるいい機会になりますし、思い出も残る。子どもたちもみんな楽しみにしています。そして、モノも増えません」。

気持ちも環境も変わるから、先々を見越してモノを買ったり、暮らしを決めたりしない

「ただ、『いつか使う』ためのモノは、わが家には置かないように意識しています。使うとき、必要になったときに買えばいいので。先を見越して持っていると、使うころには生活スタイルや環境、気持ちが変わっていて、結局使わないということもあると思うんです。それから、ちょっとモノがはみ出てきたときに、先々モノが増えるころを見越して、収納家具を増やすこともありません。収納できる場所があると、あっという間にモノは増えてしまいますから」

家の広さも同じこと。10年後のことを考えて、今広い家に引っ越すと、そのときには、そ

の広さでは狭くなる。だから、とにかく、今の暮らしを大切にして、本当にこの狭さでは困るという状態になったら考えればいいと思っているのです。

狭い家で、家族5人がシンプル暮らしをしていると聞くと、ストイックな暮らしを想像してしまいます。でも、のこのこママさん宅を見ていると、心が温かな気持ちに。それは、なにかを無理矢理がまんしたり、あきらめたりしているわけではなく、心が充足しているから。

〝狭い〟というのは、決して残念なことではないんだと、改めて気づかせてくれました。

子どもがいるからと、割れにくい食器を選ぶのではなく、自分が好きと思うモノを毎日使って気分よく。割れたら、いっしょに悲しむことで、大事に使うことも覚えてくれます。土鍋はみそ汁用。保温性が高く、コンロが2口しかないので助かります。

家族全員でかわいがっている鳥。家の中を自由に飛び回らせることもときどきあります。モノが少なく、さっと掃除ができる家だからこそ。

右：洋室の押し入れには家族５人分のふとんを収納。さすがに量があるので、ぎっしりです。中：和室の押し入れには家族全員分の洋服を収めています。上段には夫婦の服と季節外のコートなどが。左：下段の引き出しケースに子どもの服。まだ、ぎりぎりひとり１ケースをキープ。

教えてください!

Q & A

Q
瓶、缶、段ボールなどの分別ごみはどうしているの?

ごみ箱はひとつで分別ごみ箱は持っていません。玄関を入って正面にある物入れに掃除機などの家事まわり品を置いているのですが、ここが一時置き場です。瓶、缶は洗って乾かしてから、同じくここに収納している紙袋に入れ、ごみの日まで待機。

Q
子どもたち自身のモノはどう管理するの?

ダイニング横の洋室に、ランドセルや学用品を入れる場所をつくっています。それとは別にひとり1箱ずつ宝箱と称して箱を渡しています。モノがいっぱいになって入れづらくなると、自分たちで中身を見直して、ちゃんと管理しています。

Q
将来的に子ども部屋はどうするの?

長くいっしょにいられるといいなと思っているので、子ども部屋はぎりぎりまでなしの予定です。家が狭いことが言い訳になりますし(笑)。でも自分の部屋がないから家に帰らないなんて言い出したら、ふすまで仕切るということも考えてはいます。

Q
ひな人形は持っていますか?

季節や昔からの日本の行事は大切にしたいと思っています。とくにひな祭りは毎年、私も子どもも楽しみにしている行事で、ひな人形も欠かさず飾ります。3段飾りなので、床に直接。かさばるので、ふとんを入れている押し入れの天袋に収めます。

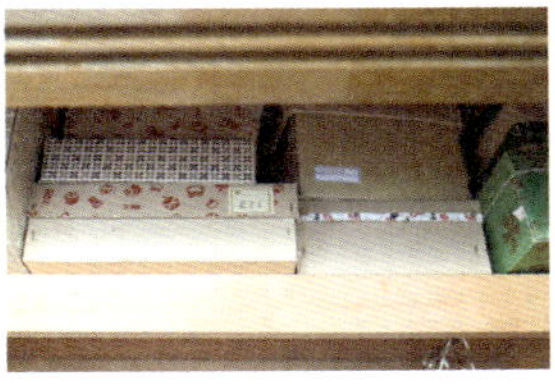

59㎡
3人暮らし

さいとうきいさん宅
ライフオーガナイザー

狭い家にはメリットがいっぱい。自分たちが重視したいことを冷静に分析したら、自然と狭い家にたどり着きました

さいとうきい　ブログ『SMALL SPACES』で、コンパクトな家でしっかりモノを持ちつつ、快適に暮らす提案をしている。ライフオーガナイザーとして、セミナーなども開催。著書に『ものが多くてもできるコンパクトな暮らし』（すばる舎）など。http://blog.keyspace.info

焦げ茶と白ベースの内装を生かして、モダンなインテリアに。奥に向かって背の低い家具を置いているので、視線が抜けて狭さを感じさせません。手前の大きな鏡には部屋を広く見せる役割もあり。

郊外の広い家を出て、超都心の狭い家へ。自分たち家族には、都心の利便性や楽しさが優先

「私にとって大切なのは広さじゃなくて、立地」と、さいとうさんが最初に気づいたのは、べトナムのホーチミンでひとり暮らしをしていた、26歳のころのこと。いろいろと不便なことの多いワンルームに住んでいました。ホーチミンでの暮らしに慣れると、快適な設備と広さを求めて中心地からは少し離れた住宅地に引っ越す人も多かったのですが、さいとうさんは、思い立ったらすぐ友人と会える、中心地の利便性や刺激が心地よく、キッチンもテレビも洗濯機もないこぢんまりとした部屋での暮らしを続けました。

その後、結婚。ニューヨーク郊外の広めの家に暮らすこともあったのですが、郊外は暮らしにくいと感じ、マンハッタンへお引っ越し。家賃が上がってしまうので、ふたりで50平米ほどのワンルームになってしまいましたが、中心に住むことを優先したのだそう。「郊外の広い家に住んでみて、自分がなにに執着があるのか、分かりました。私、半径3㎞くらいで、すべて

「無印良品」のオープン棚をダイニング側の壁に。下のほうは絵本やおもちゃを収納しています。上には文具類や見せて美しい茶器を。ＬＤに収納がない間取りだったので、この棚に集約させました。

をすませようとしてしまう性格なんです。わざわざ出かけるのはおっくうだから、郊外に住んでいると、どうしてもストレスがたまって。友人が近くにいて、美術館、映画館などが徒歩圏にあり、暮らしと遊びが近い都心が、私には向いていることがはっきりしました」。

日本に戻り、賃貸暮らしを経て、現在のマンションを購入。当時は、まだふたり暮らしでしたが、家族が増えても都心志向は変わらないと考え、超都心のマンションを選択しました。古くからの商店街、大型の商業施設や美術館、公園などが、すべて徒歩圏内です。賃貸の間は立地を重視している人も、購入となったら先々を考えて広さを優先させることが多いですが、潔く、立地を選択。夫婦にとっての最優先事項が分かっていたからこそ、できた決断でした。

「夫は、歩いて会社に通えます。往復の通勤時間が大幅に削減できるので、育児にもどんどん参加できますし、夕食作りは夫の担当。私は仕事であちこち行くことも多いですが、都心に住んでいるので、どこであっても行きやすいのもメリットです。地方から友人が上京したときも、郊外だとわざわざ来ていただくのは申し訳ないですが、都心なら街歩きのついでに寄ってもらえるので、気軽です」。あきらめたのは、広さだけ。でも、その選択には、あきらめたことを補って余りある、たくさんのメリットがあったようです。

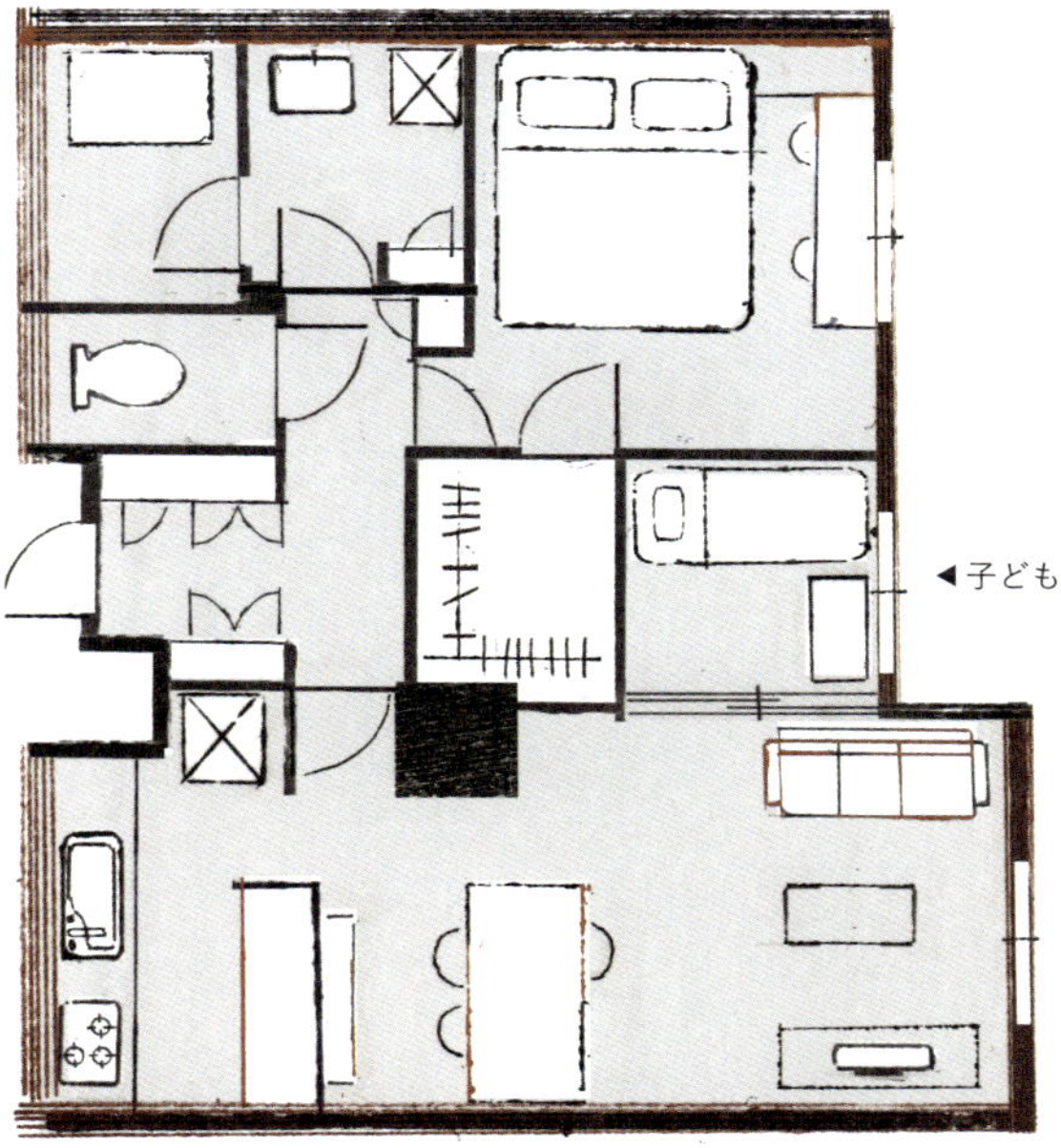

DATA

３人暮らし（40代の夫婦＋長男４歳）

59㎡　２ＬＤＫ（ＬＤ11畳＋子ども部屋３畳弱＋寝室７畳）

築７年（住んで７年）

集合住宅（持ち家）

東京山手線内の超都心

駅徒歩５分以下

上：キッチンは独立型。引っ越しを繰り返した結果、オープンキッチンよりも圧迫感がないという結論に。下：用途がすべて違うので、フライパンとして使えるモノが６種。必要なので持つという判断。

狭いからといって、ミニマリストにならなくていい。必要なモノも、大きな家具もちゃんと持っている

狭い家で快適に暮らすためのひとつの解決策として、大きな家具を極力少なくするという暮らし方があります。のこのこママさん宅（12ページ〜）の暮らし方は、まさにその代表。そのほうが家族にとって心地いいし、のびのび暮らせるからというのが選択の理由です。でも、一方でソファやベッドがない暮らしは、自分たちには合わないと感じる家族も存在します。さいとうさんの選択は、ダイニングテーブルと椅子、ソファ、収納棚、ベッド、仕事用のデスクと、全部を持つこと。どれも、あきらめませんでした。家族の暮らしが快適になるなら、それは持つべきモノという判断です。そのうえ、さいとうさんは、「狭いから小さい家具を選ぶ」という狭い家に暮らす人がよく取る選択もしませんでした。

ダイニングに置いてある収納棚は天井近くまである背の高いモノ。ソファは幅178㎝、奥行き89㎝と、ゆったりくつろぐには十分の大きさ。テレビも小さいとはいえないサイズです。

「私はソファで足を伸ばし、のんびり雑誌や本を読むのが好きですし、夫は週末、テレビで映画を見るのを楽しみにしています。だから、それらに必要なモノを我慢することは考えませんでした」。収納も小さい家具を買うと、結局スペースが足りなくなって、また買い足すということになりがち。それなら、最初からどーんと大きめを買ってしまい、これ以上は増やさないとはっきり決めてしまったほうが、バラバラと小さい家具を並べるより、よほど空間がすっきり見えると考えたのです。

家具だけではありません。料理好きの夫が欲しいと思っている調理器具は、数を限定することはしていません。フライパンの用途に使うモノだけでも6種、包丁に至っては8本ありますが、それぞれに使い道が違い、必要なモノだからと持つことに決めています。災害に備えた防災グッズや備蓄品も同様。持ち出すだけではなく、家で過ごさざるを得ないことも想定しているので、かなりのストック量ですが、必須アイテムなので持つという選択です。

大きい家具を入れ、モノをしっかり持つと、狭い部屋は手狭にはなります。でも、家族がこの場所で叶えたい思いは我慢せず、ほかの解決策で狭さを感じさせないよう工夫するのが、さいとうさん流の考え方。ソファは背の低いモノを選んで圧迫感を軽減したり、テレビ台はＡＶ

機器が見えない構造で視覚的にすっきりしたモノを選んだり。背付きの椅子を4脚揃えず、来客時にはベンチを使ったり、窓の方向を見たときの視線の中に背の高い収納棚が入らないように考え、奥に向かって低く家具を配置したりしたのも、さいとうさんの工夫です。視線がすっと奥まで通るおかげで、広々感じさせることに成功。そういう小さな工夫を積み重ねることで、狭い空間の中に家族の快適性を実現しています。

狭い家ではインテリアは楽しめないと感じてうつうつとしていた、ニューヨーク暮らし時代に出会った本。狭いのにインテリアとしてすてきな事例ばかりで、気持ちが明るくなって、やる気をもらいました。
『small spaces』（Rebecca Tanqueray著）

モノをすべて置いておくためには、どれだけの広さが必要？
狭いという〝重し〟があるからこそ、ちょうどいい

本当に必要な家具、本当に欲しいモノはあきらめずに持つことにしている、さいとうさん。でも、狭さがハードルとなって、購入を我慢することだってあります。

「欲しいモノを何でも置いておけるほど、うちは広くない。そのことは、つねに意識していなす。置いておく場所がないからと購入を見送ることも、もちろんあります。そういう思いを何度となくするうちに、人はもっと広い家に住みたいと思いはじめるのかもしれません。でも、どれだけの広さの家だったら、私が欲しいと思ったすべてのモノを持てるんでしょう？」

人の欲望は、つねに広がっていくもの。倍の広さの家に住んでいたとしても、欲しいままに購入し、持っているモノも手放さずにいれば、いつかは広い家でも狭いと感じる日がきます。そして、そのころにはモノは自分たちで管理できる範囲を超えてしまっていて、モノの整理をするのが大変になっているかもしれません。それよりも、狭い家に住んでいるんだからと自覚

しながら、つねに物量を意識しながら暮らすほうがいい。さいとうさんは、そう考えています。「何度も引っ越しを経験しているから分かるのですが、狭い家で少ないモノで暮らしていると思っていても実際の物量ってすごいんです。そして、人が管理できるモノの量には限界があります。もう、私の記憶メモリーは増えないと感じているから、モノを増やしたら、どんどん大変になるばかり。これから子どもの成長に合わせて子どものモノが増えると思うのですが、そうなったら自分のモノを減らして調整するつもりです。家が狭いってことが、ちょうどいい重

カラフルなおもちゃはかごに入れて棚に収納。使っていないときはほとんど色が気になりません。ベビーカーは玄関の靴棚下の空きスペースに。ぴったり収まるサイズのモノを探しました。子どものモノとも上手につきあって、すっきりインテリアを実現。

しになってくれているので、おかげでモノが増えすぎないんです」

家が広いと置いていても邪魔に感じないので、よほど意識が高い人でもない限り、モノの見直しはついつい先延ばしにしてしまいがち。でも狭いとモノが増えることで圧迫感が出てくるので、自然に、頻繁に、入るモノと出ていくモノのバランスを取るようになります。そうすることが、快適な暮らしを生むというわけです。

狭い＝不便。狭い＝暮らしにくいと考えず、狭いことのメリットに目を向け、前向きに楽しむ

「狭いとすぐモノでいっぱいになって片づけられなくて大変」「うちが散らかるのは狭いせいだ」と考える人は多いことでしょう。でも、見方を変えれば、「広い家に住むと、見直すきっかけも少ないからモノが増え、管理すべきモノも増えるから大変」と考えることもできます。さいとうさんは、後者の考え。狭い家に住めば否応無しに物量を意識するようになり、モノも

ベンチは、来客のときはテーブルとセットで、ソファでくつろぐときはリビングテーブルとして使っています。ＴＶボードに座って、長男がお絵描きテーブルとして使うことも。脚の裏に傷防止フェルト（右写真）を貼っているので、移動しやすく、用途を変えるのもラク。

増えすぎず、結果的にふだんの家事もラクになる。年をとってからのモノの整理は大変だから、今から気をつけていれば将来も安心。それもこれも、家が狭いおかげ。

同じ狭い家を理由にしているのに、結論はまったく逆です。こんな風に、さいとうさんはいつも狭い家のことを前向きに捉えるようにしています。

〝狭い家のせい〟ではなく、〝狭い家のおかげ〟という考え方です。

狭いおかげで、掃除がすぐ終わる。

狭いおかげで、必要なモノにすぐ手が届く。

狭いおかげで、頻繁に片づけざるを得ないから、散らかったままにならない。

狭いおかげで、工夫を放棄しないから、いいアイデアが思いつく。

「私の実家では家全体に掃除機をかけるのに30分以上かかりますが、狭いわが家なら10分。コードの抜き差しも最低限です。実家ではキッチンで皿を取り出すのにも、広いキッチン内を歩き回る必要がありますが、狭いわが家のキッチンなら、シンクの前に立ったまま、手を伸ばせば取り出せます。掃除も家事もぐっとラクです」。こんな風に狭い家のいいところに目を向けているうちに、狭さの制約のなかで工夫することが逆に楽しいとまで思えているのです。

上：奥行きの浅いデスクを置いて書斎スペースに。ダイニングテーブルで代用すると集中できず、テーブル上も散らかりがちだったという経験から、場所を設けています。
左：ベッド下には防災グッズや備蓄の水を。ベッドは「大塚家具」で購入。

狭い家で快適に暮らすための工夫や考え方をたくさん身につけることが、自分の武器になる

狭い家を選択していても、インテリアや暮らしやすさをあきらめることなく、ホテルライクなシンプル空間をつくり上げた、さいとうさん。ライフオーガナイザーの資格を取り、より暮らしが快適になる工夫を続けてきた賜物です。狭い家を住みこなすアイデアは多くの人に支持され、今では収納セミナーを主催したり、2冊の著書を刊行したり。

いくつか、そのアイデアを伺ってみると、まずはじめに出てきたのは、棚板を増やすこと。「家具を買い足す前に、ぜひトライしてみてほしいです」。さいとうさんは、キッチンのキャビネットやダイニングに置いた収納棚に板をプラス。収納内部のデッドスペースを解消でき、出し入れもしやすくなる。たった1枚の板の効果は、その気軽さに比してかなり大きいのだそう。狭い部屋を圧迫してくることもないので、試してみる価値大です。

そして、家具選び、モノ選びにもコツがあります。ソファでくつろぐときは、ダイニングに

ベッドの足元側には、下着類を収納するチェストを。上の段にはメイクグッズとアクセサリーを入れています。いっしょに収納しているスタンド鏡を取り出せば、この場所がドレッサーに早変わり。

合わせて購入したベンチを移動して、リビングテーブルとして使用。夜寝るとき以外は使わない大きなベッドは下にしっかり収納できるモノを選んで収納スペースとしても活躍させる。チェストには、ドレッサーの役割ももたせる。複数の用途で使えるモノを選ぶと、持たずにすむモノもあるので、狭い家で暮らす人には欠かせないモノ選びの視点です。

「それから、すべてを家の中で完結しようと思わないようにしています。例えば、おもちゃや絵本。どんどん増えがちですが、児童館、図書館など、公共の場所を活用すれば、自分たちの家にたくさん持っておく必要はありません。ブックカフェを利用することもあります。親族が大勢で遊びに来るときは近くのホテルに泊まってもらったり、自宅で仕事に集中できないときはロビーを使わせてもらったり。マンションのごみ集積所が24時間使えるので、室内のごみ箱も最低限で問題ありません。子どもが走り回って遊びたいときは、公園に行きます」

公共のスペースは、自分たちの家の延長にある場所。たくさんの本やおもちゃを管理してもらっているのだから、自分たちで持たなくてもよし。そう考えることで、広い家でなくてもいいという結論に。収納法やモノ選びを工夫し、柔軟な考え方を身につけることが、さいとうさんの武器となり、狭い部屋でも快適に暮らせているのです。

「広くてすてきなインテリアの家を雑誌などで拝見すると、うらやましいと思うこともあります。郊外の広い家のほうがいいかな〜？って。でも、やっぱり私には向いてないと冷静に判断していいます。逆に、狭い家が向いてない人も、もちろんいます。どっちが正解ではなく、『広くないとダメ』『将来的には、絶対広い家』と決めつけるのはもったいない。狭い家で得られることもメリットもあるから、自分はどっちが向いているか、なにを重視したいかを考えて、前向きに狭い家に住むということも選択肢のひとつになるといいなと思います」

板１枚を増やすと、スペースの無駄をなくすことができ、モノも重ねずにすむので出し入れがラクに。上はキッチンの吊り戸の中。元々ダボ穴が空いていたので簡単でしたが、ダイニングの棚（下）にはネジ穴を空けてダボを付け、棚を増やしました。

家の第一印象を決めるのは玄関。とにかくすっきりさせておきたいので、家にいる間も靴はすべて扉のある靴棚に収めることにしました。ここの収納内も棚板を増やし、収納スペースを増やしてあります。

教えてください!

Q&A

Q
狭い家を選ぶときに間取りで注意すべきことは?

玄関と洗面所にしっかり収納がある間取りは片づけやすいようです。キッチンと洗濯スペースは自分の家事動線に合っていると暮らしやすさがアップ。最近の大手デベロッパーのマンションは、収納や間取りが緻密に設計された物件も多い気がします。

Q
スーツケースやふとんはどうしてるの?

スーツケースは大1個、小2個を持っていて、どれもウォークインクローゼットに収納。さらに中には災害時に持ち出す防災グッズを収納しています。お客さま用ふとんは、エアベッドと掛けふとんを一組用意して、同クローゼットの枕棚に収めました。

Q
背の高い家具の地震対策はどうしてますか?

上部をL字金具で壁に留め付け、さらに転倒防止になる合成樹脂性の安定板を家具の下にかませています。2種のグッズを使うことでより安全になることを狙っています。下にかませるグッズは床や壁を傷つけないので、賃貸住宅でも使えます。

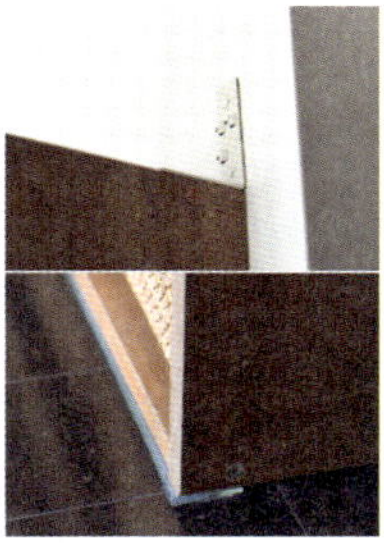

Q
収納グッズを選ぶときに気をつけるべきことは?

場所や棚によって収納グッズを変えずにできるだけ揃えること。少々奥行きや幅に無駄なスペースができても、同じモノを選んでおくと、違う場所に流用が可能になります。写真はキッチンと玄関の棚。1カ所で不要になっても、違う場所で使えます。

30㎡
2人暮らし

柳本あかねさん宅
グラフィックデザイナー
カフェ&バー「茜夜」店主

狭いことはマイナスではなく、むしろ、プラス。あえて狭い家に引っ越したら快適な暮らしになりました

やなぎもとあかね　本の装丁などをするデザイナーとして活動しながら、東京・飯田橋で日本茶とお酒が楽しめるカフェ&バー「茜夜」を営む。暮らしに関する著作もあり、近著は『「茜や」の小さく楽しむ おうち歳時記』(河出書房新社)。www.akane-ya.net

棚には湯沸かしポットや、コーヒー、お茶をいれるための道具類を収納。ホテルのような使い勝手のよさです。元々濃い茶色だった壁のおかげか、よりホテルライクな印象。

好きなモノだけに囲まれる心地よさを知ったから、30平米のワンルームでの、ふたり暮らしを選択

夫とふたり暮らし。何度目かの引っ越しを機に、30平米のワンルームで暮らすことにした柳本さん。60平米以上ある家に住んだこともありましたが、今は、ストックルーム2・5平米を合わせても半分ほど。お話を伺っていると、金銭的な理由でその選択をしたわけではなさそうです。その決断に至るまでの住まい遍歴を、まず伺ってみました。

「ひとり暮らしのときから、都心に住みたいと思って、広さより立地を優先するタイプでした。フリーランスになって家で仕事をするようになっても、ワンルーム＋ロフト程度。広さよりインテリアショップやカフェがあるような、楽しい街に住むことを優先させていました。それは結婚してからも変わらず、何回か引っ越しをする機会がありましたが、夫婦ふたりとも郊外に出るよりは都心がいいと思ってきたので、必然的に狭い家が多くなりましたね」と柳本さん。

60平米以上の家に住んでいたときは空間が余っていたそうなので、元々広さへの執着はあまり

直径152cmもあるテーブルのおかげで夫婦それぞれが自分のことに没頭していても邪魔に感じない距離感。下には縁なしのユニット畳を敷き、くつろぎ度をアップしました。

強くなかったようです。

「とはいえ、むしろ狭いほうがいいと思うに至ったのは、夫が札幌に転勤したのがきっかけです。そのときは、私が営んでいたカフェの2階にあった東京の家も維持していたので、札幌では広めのワンルームを借りました。家具はすべて持って行きましたが、モノは厳選したうえで引っ越し。すると、好きなモノだけがある、その暮らしがとても快適だと気がついたんです。『モノはこれだけで、いいんだ！』と、目が覚めました」。このときの暮らしで、モノはたくさんないほうが、暮らしは快適ということに、柳本さんははっきりと気がついたのです。

ひと口コンロの小さなキッチンだったそうですが、以前よりも料理がしやすくなったと感じたことも驚きでした。コンパクトで、たくさんの道具がない状態がかえって使いやすく、柳本さんの気持ちにフィットしたのです。「道具を全部ちゃんと把握、管理ができるから、気持ちよくて。私は、制約があるなかで、どうすればよりよくなるかを考えるのが好きみたい。そのときもいろいろ工夫するのが楽しかったですよ」。

そんな経験もあり、都内に戻って元の家でしばらく暮らした後、再び引っ越しするとなったときにはもっと広い家が見つかったにもかかわらず、30平米のマンションを選択したのでした。

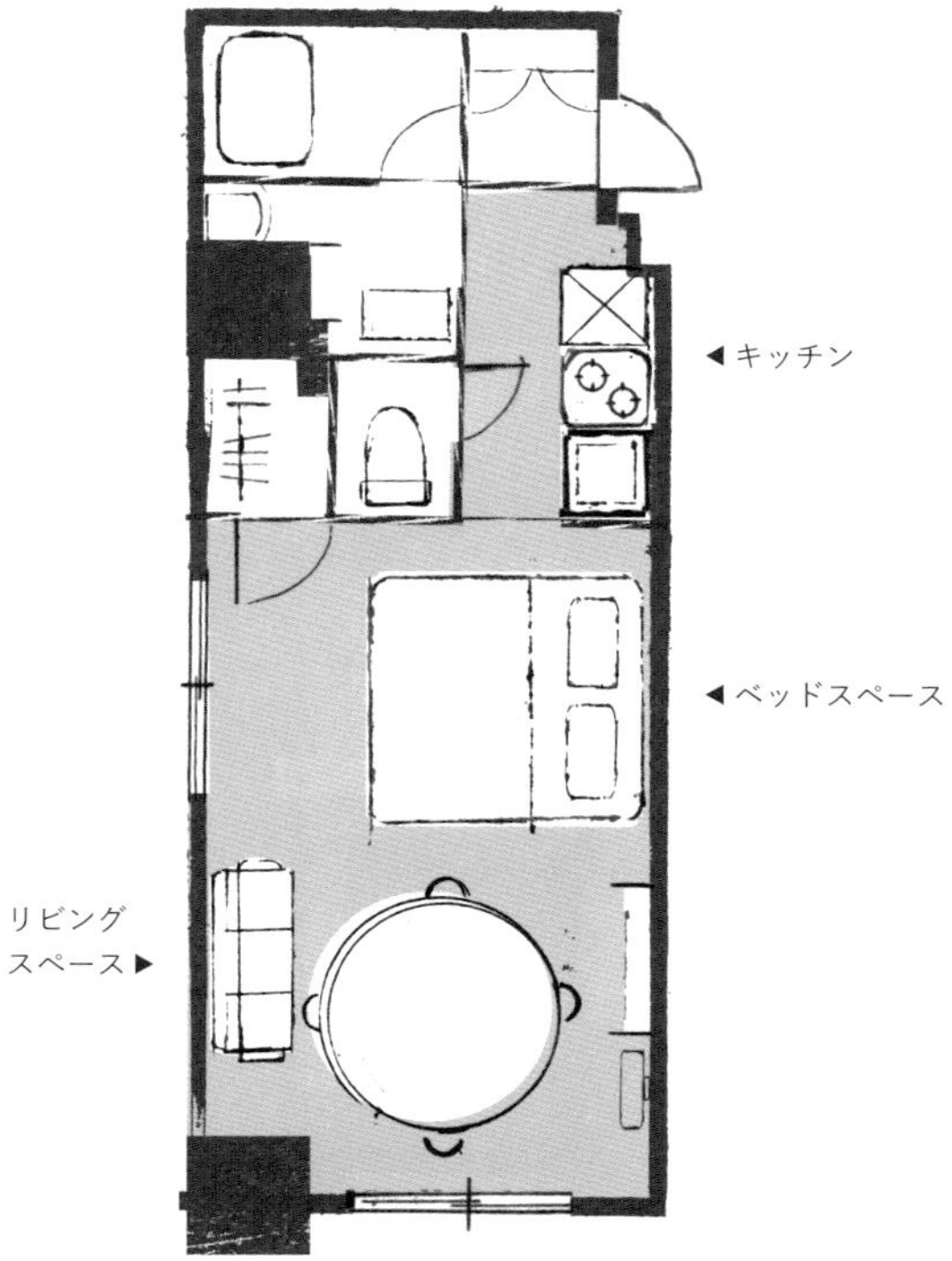

DATA

２人暮らし（40代後半の夫婦）

30㎡ ワンルーム（10.5畳）

築４年（住んで２年）

集合住宅（賃貸）

東京都新宿区

駅徒歩５分以内

狭い家に暮らすことを決めたのは、生活の実験!?
自分にとって大切なモノを見つめ直す作業

札幌のときとは違い、今回は、持っていたモノをすべて持って出る引っ越しです。以前の住まい部分は今とそれほど変わらないサイズでしたが、モノがすでにはみ出し気味の状態。かつ1階にあったカフェも閉めることにしたので、その分のモノもどうにかしなければならないというハードルの高さでした。

「とにかく、狭いところでチャレンジしてみたかった。ここで快適に暮らせたら楽しいだろうなと思ったので、腕が鳴りましたよ」

そして、洋服、本、紙類など、ひとつひとつ改めて見直していきました。要らないモノというより、使わないモノは全部手放すという感じ。この30平米＋2・5平米のストックルームに全部収めなければいけないというのは、相当のプレッシャーだったそう。

ちょうどそのころに『365日のシンプルライフ』という映画を見たことも、やる気を後押ししてくれました。映画では、主人公が持っているモノをすべてトランクルームに預け、必要なモノを毎日ひとつずつ取り出していき、自分が幸せになるために、本当に必要なモノ、大切なモノはなにかを見つめ直していきます。柳本さんは、その行動におもしろさを感じ、まさに同じように、30平米の新居になにを持って行くべきかを精査したのです。

「ある意味、自分たちの生活で実験をしたのかもしれません（笑）。夫ものるタイプなので、その実験をいっしょに楽しむことができました」。

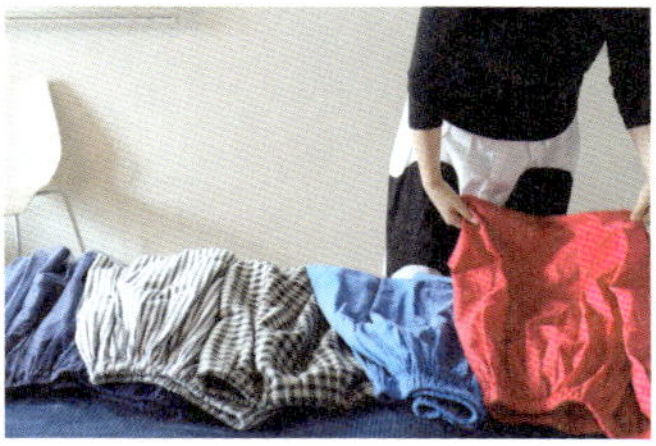

上：手前が柳本さん、奥が夫の洋服。極端ではないですが、やはり少なめ。「自分に似合うモノ、好きなモノは決まってきているので増えなくなりました」。下：手作りのスカート＋トップスを自分のユニフォームのように考えているのも、増えすぎない理由。

収納は固定観念にとらわれない。するとせまい部屋でも暮らしやすさが手に入る

柳本さんのお宅を拝見していると、狭い部屋の限られたスペースを有効に使うためには、固定観念に縛られていてはダメということに気づかされます。他人から見ると、ちょっと驚くような場所に意外なモノが収納されているのです。

例えば、本棚をリビングに置かずにすむように、本は洋服といっしょにウォークインクローゼットに収納。

例えば、広くない脱衣所に無理矢理棚を置いたり、遠くにあるクローゼットにそのつど取りに行ったりしないですむように、下着は脱衣所に近い靴棚の中に。

例えば、狭いキッチンをさらに狭めずにすむように、コーヒーメーカーやお茶セットは、コーヒーやお茶を飲む場所であるリビングに。

だれもがあたりまえだと思ってしまうような収納場所にとらわれず、収納する場所を工夫し

左奥にウォークインクローゼットがあり、洋服と本を収納。意外な場所に本がありますが、このアイデアのおかげで本棚を持たずにすんでいます。夫婦ともに本好きなので買う冊数は制限せず、ここからはみ出したら古本屋へ。頻繁に循環させています。

たおかげで、余計な棚や家具を買わなくてもよくなり、空間を狭めずにすみました。どの収納場所も生活動線上は合理的な場所なので、不便もありません。柔軟な発想力さえあれば、30平米のふたり暮らしは快適になることを教えてくれます。

日用品は、ミニサイズ。ストックを持たないどころか、コンビニサイズ、トラベルサイズをふだん使いに

〝片づかなくて困る〟、そんな家から、大量に日用品のストックが見つかるというのは、よく聞く話です。広くて収納する場所もあるからと特価品を見つけては買っているうちに、なにが家にストックされているか分からなくなり、さらに買うという悪循環。柳本さん宅は、当然、そんなことにはなりません。都心に住んでいるのだから、大量のストックは隣にあるスーパーや、すぐそばにあるコンビニにあると考えれば、家の中のストックは最小限でＯＫです。

柳本さんが、さらにすごいのは余分なストックを持たないばかりか、現状使っているモノま

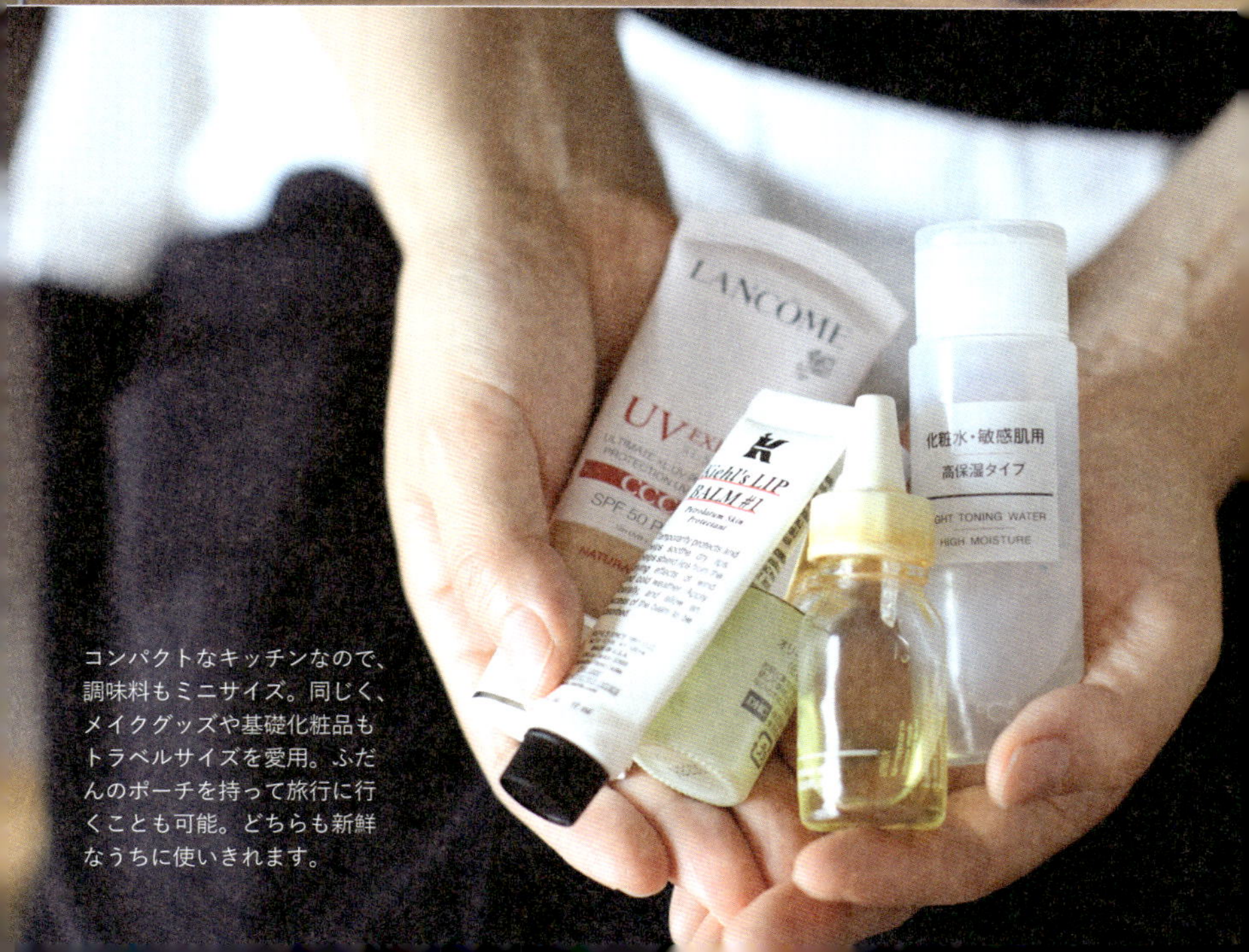

コンパクトなキッチンなので、調味料もミニサイズ。同じく、メイクグッズや基礎化粧品もトラベルサイズを愛用。ふだんのポーチを持って旅行に行くことも可能。どちらも新鮮なうちに使いきれます。

でミニサイズを選んでいるところ。大容量をＮＧとしているだけでなく、通常サイズも回避。調味料はいちばん小さいコンビニサイズで、化粧品はトラベルサイズをセレクトしています。容量の多いモノが安く販売されていても、気にしません。「コンパクトに収納場所に収まるだけでなく、すぐ使いきれるので、いつも新鮮なモノが使えるところもいいんですよ」。

狭いからといって、小さい家具は選ばない。大きい家具があるから、快適に暮らせる

30平米でふたり暮らしとなったら、まずはベッドをあきらめ、ふとん生活を検討する人がいるかもしれません。でも、ふとん生活のためには、収納する場所が必要ですし、毎日の上げ下げという家事はなかなかの重労働です。別の解決策として、小さな家具を選ぶという人もいるでしょう。でも、小さなテーブルやソファは、ひとつの用途にしか使えなかったり、くつろげなかったりして、かえって無用の長物になることも。結局、どちらも使いにくくて、テーブル

狭い部屋では照明が間仕切り代わり。リビング側だけ、ベッド側の右サイドだけなどを、天井灯とテーブルライト双方で工夫しているので、夫婦それぞれ自分の時間で動けます。

の上がただの物置になり、ソファ自体がもたれかかる場所になって床でくつろいでいるというのは、よく聞くインテリアの悩みです。

柳本さんは、小さいモノを選んで使いにくいと感じながら暮らすくらいなら、大きくても使いやすいモノを置いたほうがいいと考えました。日用品はミニサイズを選ぶのとはまったく逆の結論です。

ベッドはクイーンサイズ。ローテーブルは直径152㎝。もっと広い家に住んでいても、部屋が狭くなるからイヤだと選ばない人も多い、大きなサイズです。

「この部屋によくぞ、こんな大きな家具をといわれるんですが、大きな家具を置いたほうが、じつは狭いスペースを有効に使えると思っています。大きいテーブルは、ふたりが同時に別のことをしていても互いが邪魔になりませんし、仕事をある程度広げたままでも、食事をすることが可能です。家に持ち帰った仕事もミシンがけもここで。テーブルが多目的に使えるから、ほかの家具が不要になるんです。ベッドが大きいとゆったりくつろぐ場所にもなりますし、逃げ場のないワンルームで、活動時間帯が違うふたりが快眠するためにも必要です」

ローテーブルを選んだのは、椅子を置かなくてもいいから。10人でこのテーブルを囲んだこともあるので、自分たちだけでなく、客人の椅子までを考えたら、かなりの省スペースにつながる選択です。ソファも座面の低いモノを選び、ローテーブルと合わせて、目線を下げることで部屋を広く感じることができます。

ちなみに、ベッド、ローテーブル、ソファ、オープン棚の家具4点は、すべて結婚してすぐに購入したモノ。15年近く、いっしょにあちこち引っ越しをした相棒。モノは少なくとも、それぞれに愛情を持って、長く大切にしていることが伝わってきます。

玄関には大きめの靴棚が付いていましたが、それほど靴は持っていないので、下着を収納（白いふた付きボックスの中）。浴室がそばにあるので、この位置が合理的です。

バスタオルは浴室のドアの前を定位置に。ドアの枠の間につっぱり棒を設置し、書類リングと片方が閉じているＳ字フックを使ってひっかけました。通常のＳ字フックと違って、フックごと外れることがありません。

モノという人生の重荷から解放されるから
シンプルに暮らすと心がかるくなる

「狭い家で快適に暮らそうと思ったら、たくさんのモノは持てません。だから快適に暮らせる状態になるまで、モノを減らしていきました。そうしたら、使わないモノが一切なくなり、自分の持っているモノは、ボールペン1本まで把握できるように。自分が持っているモノすべてを把握し、管理できる状態は想像以上に心地いいし、気持ちが平穏です。使わないモノや開かずの扉の中にあるモノは、心の闇であり、人生の重荷だったんだと気がつきました」

「あそこにはなにが？」というもやもやした気持ちがないと、ストレスがなくなります。その心地よさを知ってしまうと、その状態をキープしたいから、しょっちゅうモノの見直しをする。そうするとモノが増えない。こんないい循環が生まれ、柳本さん宅の快適な状態は保たれているようです。家が狭いおかげで、到達できた暮らし方といえるかもしれません。「引っ越してきて2年。変わらず、毎日、この状態です。突然来ていただいても大丈夫。家が狭いおかげで、

作業台部分に食器洗い機を設置しているので、かわりに折り畳みできるミニテーブルを広げて補助台に。モノが少なくなったおかげで、キッチンが広いころより料理をするようになったというのも驚き。

全体に目が行き届くので、本当に管理がラクなんです。一軒分の掃除があっという間に終わるというのも、心の負担を軽減してくれます」

狭いことは、マイナスではなく、プラス。狭いからこそ、手に入った快適な暮らし

さっと掃除ができ、すぐ終わるから、今までの人生でいちばんこまめに掃除をするようになった柳本さん。掃除が全然苦でないのは、家が狭いからこそだといいます。「『あれは、どこ?』と聞かれなくなるなど、夫も変わりました。家が狭く、モノが少ないので、彼にとっても、どこになにがあるか、把握しやすくて暮らしがラクになったんだと思います。夫も、この快適さを維持したいと思うようで、以前よりせっせと片づけたり、掃除をしたりしてくれるようになりました」。さらに、大きな変化が、ほとんど料理をしなかった夫自ら、料理に取り組むようになったこと。どこになにがあるかが把握しやすく、使うべき道具も少なくて迷わないから、自

然に自分にもできるという気持ちが生まれたよう。

「広いところにたくさんのモノを持っても管理できるし、楽しいという人もいる。でも、私たちのように狭くて、少ないモノで暮らすのが心地いい人もいる。それぞれいい面、悪い面があり、どちらを選ぶかは、その人自身の意思。なのに、広いこと＝プラス、狭いこと＝マイナスと捉える人が多いのが残念なんです。わが家は、〝狭くても〟快適なのではなく、〝狭いから〟快適。狭い＝プラスです。この狭さが快適なので、今後も広い家には住まないと思います」

食器は吊り戸棚に入るだけ。営んでいるカフェで器は楽しんでいるから、家には少数あればいいという考え。カトラリーも２セットしかありません。「来客時にはお店から持ってきます」。鍋は３種だけ。コンロが２口なのでこれで十分だそう。

日本茶の本を執筆し、日本茶カフェを営んできた柳本さん。数は少ないけれど、厳選した茶器で日常的にお茶を楽しみます。使い終わったらオーバルの木製ボックスに入れてリビングの棚に収納。

教えてください！
Q & A

Q
思い出のモノって、取っておかないの？

いえいえ、やっぱり手放せないモノもありますよ。ふだんは見えにくい場所ですが、じつはブラインドの向こう側、窓の桟にぬいぐるみが数点（笑）。この部屋の雰囲気には合いませんが、思い出があるモノなので、さりげなく飾っています。

Q
狭い家で、季節を楽しむコツを教えてください

私は母の影響もあって、ひとり暮らしの学生時代から、季節の花を飾るなど歳時ごとを楽しんできました。狭い家で楽しむコツは専用の道具をわざわざ持たないこと。例えば、ワインの瓶に白い半紙を巻くだけで、お正月にふさわしい花器になります。

Q
どうやったらモノを減らすことができる？

荒療治ではあるかもしれませんが、ずばり、狭い家に引っ越してみるといいと思います。人はやっぱり制約がないとなかなか思いきれないので。無理なら今より狭い家に住むと想定して、その家に持って行くか、モノと対峙してみるのはどうでしょう。

Q
生活感が丸出しな状態になることもあるの？

乾燥機と浴室乾燥を使うので、部屋に洗濯物がずらりということはありません。食器はすぐ食器洗い機に入れてしまうので、シンクに山積みということもなし。きれいにしようという気持ちを保つため、生活感はできるだけ排除する方法を考えます。

52㎡

3人暮らし

能登屋英里さん宅

会社員

広さに執着しなかったことで
こだわりインテリア×
あこがれの立地という
いちばんの願いが叶えられました

のとやえいり ディスプレイのプロとしてアパレル会社に勤務。取材時は育児休業中。インテリア好きが高じて、一から自分たちの好みの空間をつくり上げるリノベーションに挑戦。自分で間取り図面まで書いてしまったほどのこだわり。

まるでカフェ空間のように整えられているキッチン。間取りからディテールまでこだわれるリノベーションだからこそ、できた空間です。新築マンションなど既存の内装とはまったく違う魅力があります。

キッチンに立つと家全体が見渡せ、広々と感じます。ダイニングテーブル、ソファ、ベッド、大きなテレビなど、狭い家だからと、なにひとつあきらめることなく、取り入れることができました。

広さを優先して立地で妥協するのではなく狭くても、住みたいと思える場所を選択

デザイナーズ物件といわれるような賃貸住宅に暮らし、インテリアを楽しんでいた能登屋さん夫妻。今後の人生設計を考えると、そのマンションの家賃を払い続けるのは不経済というアドバイスをファイナンシャルプランナーから受け、住まいについて考え直すことにしました。プランナーからは、今後の日本の不動産市況を予測すると、購入するよりは、予算を下げて賃貸をし続けたほうがいいとすすめられたのですが、その家賃で気に入る物件を見つけるのは至難の業。ただ快適に住むというだけなら、賃貸を住み替えていくという選択もありだったかもしれませんが、インテリアへのこだわりが強く、住まいで実現したいことが多い能登屋さんには、不満足な結果になりそうでした。そこで、中古マンションを購入してリノベーションという選択のために、物件探しを開始したのです。

「はじめは、もっと広い物件を求めて、郊外のマンションを見て歩いていました。でも、無理

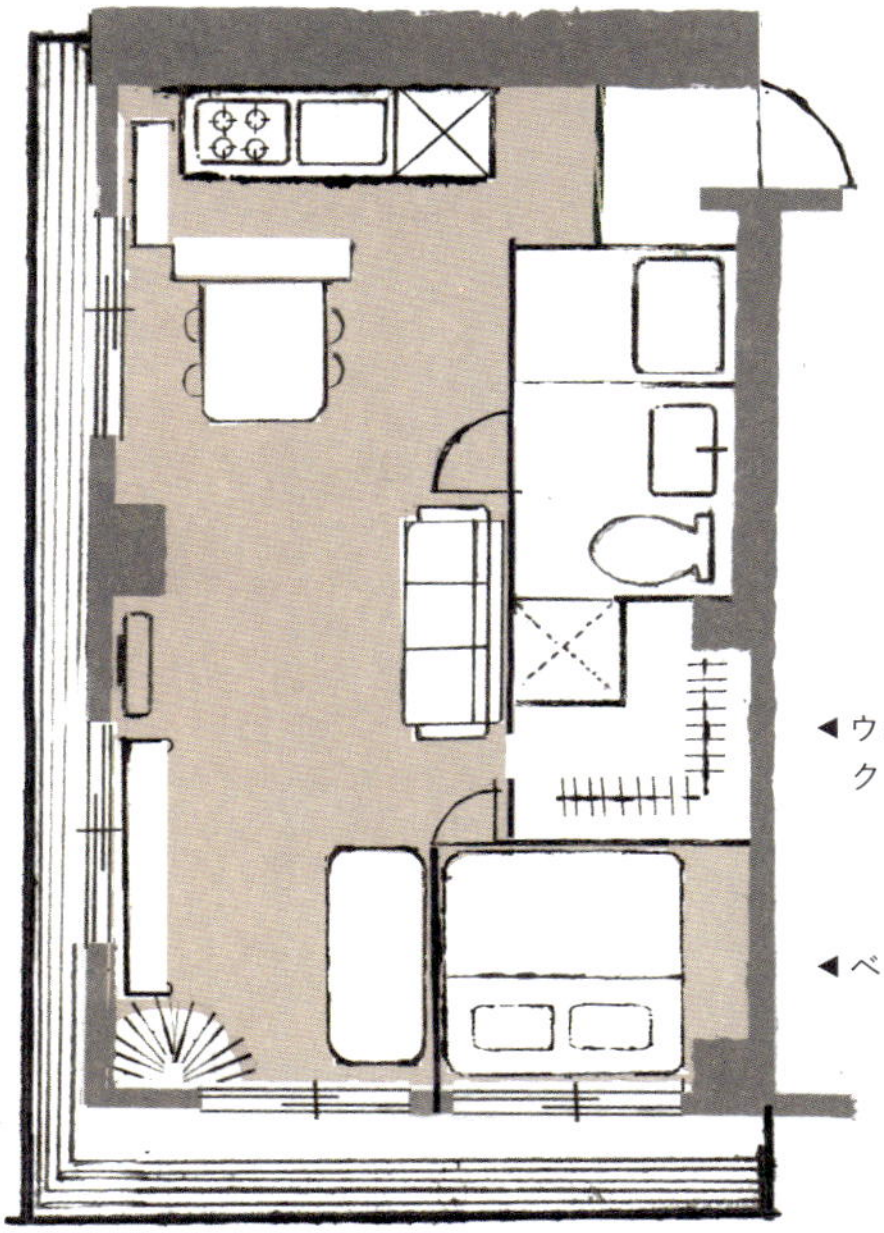

DATA

３人暮らし（夫40歳、妻36歳の夫婦＋長女０歳）

52㎡　１ＬＤＫ（ＬＤＫ17.8畳＋寝室3.5畳）

築48年（住んで２年）

集合住宅（持ち家）

東京都世田谷区

最寄駅多数

リノベーション依頼先：大和工芸株式会社　http://yamatokougei.co.jp

しない返済を考えると、希望の場所よりもかなり遠くなってしまって……。物件を見学に行くだけで疲れてしまいましたし、郊外の街の将来的価値にも不安を感じました。それなら、広さという選択肢をはずして、住みたい街のほうがいいのでは?と、方向転換しました」

そして、出会ったのが52平米の、今のマンション。古い物件ではありましたが、多くの人が知っているようなヴィンテージマンションだったこともあり、将来的な価値も安心と感じて購入を決めました。予算や条件があるなかでの住まい探しですから、なにかを選び、なにかをあきらめることは、だれにとっても必要な作業。能登屋さん夫妻は、好みのインテリアを実現するためのリノベーションや、将来的にも価値が下がらないと感じた人気の立地や物件であることを優先し、広さをあきらめるという選択をしたのです。自分たちが暮らしにおいて、重視したいことをしっかり認識したうえでの結論でした。

「夫は遠くから会社に通うくらいなら、狭いほうを選択するという人。私も考えてみると、昔から狭いスペースが好きで、小学生のときに犬と犬小屋に入っていっしょに寝たり、ロフトや押し入れみたいなところにこもったりして(笑)。広いスペースもいいけれど、どこか無意識のうちに狭いスペースのほうが落ち着くと感じていたのかもしれません」

天井をぶち抜き、躯体や配線などをそのまま見せる形に。天井が高くなるので視線が抜け、広く感じさせる効果大です。ラフな感じも今どきな空気感をつくってくれます。

自分たちの暮らしを楽しみたいから、リノベーションでこだわりのインテリアを実現

アパレル会社で、ディスプレイの仕事をしている能登屋さん。元々、おしゃれなモノへの感度は高いほうですが、リノベーションをしたいと思うほどにインテリアに開眼したのは、ニューヨークとパリ、それぞれに1年間ずつ暮らした経験が大きいそう。

「すてきな家を見る機会が多く、インテリアを見る目が養われた気がします。どういうスタイルのインテリアを自分が好きなのかもよく分かりました。パリに住んでいたときに訪れたフィンランドで、アルヴァ・アアルト（北欧を代表する建築家）の自邸を見学したのですが、とくに心が惹かれました」

そんな風にインテリアや家の中での暮らしを大切にする様子を、海外でたくさん目にしてきた能登屋さん。その後、友人が実際、中古マンションを購入してリノベーション。その家を訪ねて、かっこよさや心地よさを実際に体感したことで、ますます無難でお仕着せの内装の家に

夫の趣味のギターは壁にかけられるように、フックを設置。隣の壁に付けたオープン棚は棚板が可動式なので、当初は置くつもりがなかったテレビも置くことができました。

住むより、自分たちの好みを反映した家に住みたいとの気持ちが強くなりました。

資産価値や今後の売りやすさという観点では新しいマンションのほうがいいし、変わったリノベーションはしないほうがいいと考える人も多いかもしれませんが、能登屋さん夫妻はそうは捉えず、まずは、暮らす自分たちが満足することをいちばんに考えました。一生ではないかもしれないけれど、購入する以上、これから長く住むことを想定している場所。自分たちの暮らしを大切にしているからこその選択です。

「いつかはここを売って、違うところに引っ越すかもしれません。でも、実際のところ、無難な内装なら売りやすくて、こだわった家だと売れないということもないと思うんです。例えば、使い込んでいい味わいの出ている北欧家具は古いモノであったとしても、欲しいと思う人がいて、かえって高値で売れることがあります。以前、私が乗っていた車もちょっと珍しい仕様のモノだったのですが、売るときには同じような条件の車の倍の値段で売れました。子どものモノも妥協せずに、気に入ったモノを買っておくと、あとでオークションサイトなどで高く売れます。そんな経験があったから、好きなモノを妥協せずに造っておいたほうが、自分たちが満足するし、売ったり貸したりするときの付加価値にもなると考えるようになりました」

郵便はがき

お手数ですが
切手を
お貼りください

150-8482

東京都渋谷区恵比寿4-4-9
えびす大黑ビル
ワニブックス 書籍編集部

お買い求めいただいた本のタイトル

本書をお買い上げいただきまして、誠にありがとうございます。
本アンケートにお答えいただけたら幸いです。
ご返信いただいた方の中から、
抽選で毎月5名様に図書カード(1000円分)をプレゼントします。

ご住所 〒

TEL (　　-　　-　　)

(ふりがな)
お名前

ご職業

年齢　　歳

性別　男・女

いただいたご感想を、新聞広告などに匿名で
使用してもよろしいですか?　(はい・いいえ)

※ご記入いただいた「個人情報」は、許可なく他の目的で使用することはありません。
※いただいたご感想は、一部内容を改変させていただく可能性があります。

●この本をどこでお知りになりましたか?(複数回答可)

1. 書店で実物を見て　　2. 知人にすすめられて
3. テレビで観た(番組名：　　)
4. ラジオで聴いた(番組名：　　)
5. 新聞・雑誌の書評や記事(紙・誌名：　　)
6. インターネットで(具体的に：　　)
7. 新聞広告(　　新聞)　　8. その他(　　)

●購入された動機は何ですか?(複数回答可)

1. タイトルにひかれた　　2. テーマに興味をもった
3. 装丁・デザインにひかれた　　4. 広告や書評にひかれた
5. その他(　　)

●この本で特に良かったページはありますか?

[　　]

●最近気になる人や話題はありますか?

[　　]

●この本についてのご意見・ご感想をお書きください。

[　　]

以上となります。ご協力ありがとうございました。

収納は扉付きではなく、見せる収納を採用しているのでかろやか。とくにこのワイヤーバスケットは壁が見えるので圧迫感がありません。上の箱にはクリスマスグッズなどを。

一からのリノベーションだから、狭い空間を最大限に生かすことができる

52平米は、家族で暮らすには狭いといわれることもある空間ですが、能登屋さん宅にお邪魔すると、狭いとは感じさせない、広々とした空間が広がります。すべてを一から造り直すスケルトン（元の内装をすべて取り壊した躯体の状態）からのリノベーションで、空間をとことん使いきり、狭さを克服する工夫があちこち施されているおかげです。

リノベーションは能登屋さん自身が描いたプランを基本にして進行しました。まず、家を広々見せている大きな理由として挙げられるのは、区切りをできるだけ少なくしたということ。通常だと、玄関と居室の間には扉や廊下がありますが、扉は視線を分断して部屋を狭く見せますし、廊下に至ってはただ通るだけの場所なので、不要と判断。玄関扉を開けるとそのままキッチンへとつながる間取りを採用しました。

水回りも同じ。洗面&脱衣室が1部屋というところまでは一般的ですが、そこにトイレ&洗

濯乾燥機も設置。壁がなくなる分、スペースが節約できます。個室にしようと思うとそれぞれがかなり狭くなってしまいますが、まとめたおかげで水回りスペースも広々。シティホテルのバスルームのようなゆったり感を得ることに成功しています。

細かく部屋を分けず、1LDKという間取りにしたことも、狭さを感じさせないポイント。キッチン、ダイニング、そしてリビングがつながっている1部屋なので、どこにいても、部屋が広々と感じられます。リビングの奥にベッドを2台並べて寝室としていたこともあるほど、

3.5畳ほどの寝室には、幅狭のシングル＆セミダブルのベッドを入れて全面をベッドに。こもる感じの落ち着く空間です。白を基調にし、1面だけをブルーの壁にしたので、明るい印象になりました。上がリビングから覗いた様子。下がベランダから覗いた様子。

リビングは広さを確保できました。

そして、現在は寝室にしている個室は3・5畳とあえて最小限のサイズにし、クローゼットさえも付けなかったこともひとつの工夫。おかげで、リビングから出入りできるウォークインクローゼットのスペースを捻出することができ、限られた広さの家での困りごとになりがちな、収納問題もクリア。夫婦の衣類、季節外の家電、掃除機などを、すべてここに集約できるので、片づけやすく、散らかりにくい家になりました。

収納には扉を付けず、圧迫感を回避。オープン棚仕様なので、視線が抜けてかろやか

じつは収納のつくり方にも、部屋を広く見せるワザが隠れています。例えば、キッチンのシンク上。吊り戸棚を付ければ、収納力は上がりますが、天井近くの棚は使い勝手が悪く、死蔵品をつくってしまうばかりでなく、空間に与える圧迫感も相当。そこで、以前の家で使ってい

右：無垢材をヘリンボーン貼りに。空間の空気感が上質に変わります。左上：寝室の扉は黒のような茶色のようなニュアンスのある色。空間を引き締めてくれる存在。左下：洗面シンク、トイレ、洗濯機を１室に。白、グレー、黒の無彩色でまとめました。

たワイヤーバスケットや、オープン棚を取り付けることで収納力を確保しつつ、圧迫感を軽減する作戦に。キッチンツールひとつひとつまでこだわって選んでいる能登屋さんだから、まるでカフェのオープンキッチンかのようなおしゃれで楽しい雰囲気にもなり、一石二鳥でした。

玄関やテレビ回りも同じく、オープン収納を採用。扉がある収納とは違い、視線が壁まで抜けるので、窮屈さを軽減してくれます。それだけでなく、靴棚やテレビ回りは可動式の棚を選んでいることもポイントで、そのときどきの生活に合わせて変化していく収納すべきモノに、

収納の多くは、扉のないオープン棚に。玄関は可動棚なので下の段をぐっと上げ、ベビーカーを収められるようにしました。洗面所の壁にはタオルを収納。まるでホテルのようなおしゃれさ。キッチンの調味料は容器を揃え、見せる収納として美しく。

簡単に対処することができ、モノがはみ出してくるのを防いでくれています。

寝室や水回りの扉は使っていないときは開けておくこと。ダイニングとキッチンの天井はぶち抜いて天井高をできるだけ確保したこと。このふたつの工夫も視線が抜けるので、収納に扉を付けないのと同様の効果があり、部屋を広く感じさせることに一役買っています。

広すぎない空間だから、妥協しないリノベーションが可能に

床材にはアッシュの無垢材を使い、近年人気のヘリンボーン模様の貼り方に。キッチンには多くの人があこがれるメーカーのシステムキッチンを採用。キッチンの壁は、ニューヨークの地下鉄の壁を模したタイル貼りにしてアクセントに。個室と水回りには外国のお宅を彷彿とさせるデザインの扉をセレクト。壁は場所によって色を変え、メリハリをプラス。

どれも既存の新築やリノベーション済みマンションでは、まず出会うことができない内装で

す。それを一から自分たちで選び、実現できた能登屋さん。「物件探しをしているときは、リノベーションがすでにされている物件に出合うこともあり、夫は途中、『それでもいいのでは?』とも言っていたんです。でも、今は『なんであのとき、そんなことを思ったんだろう。あの物件を買わず、一から全部、自分たちの思い通りにできて本当によかった』と、前言撤回していますす」。それくらい、自分たちが住みたいと思える間取りや、インテリア空間で暮らすことの満足度は高いのです。

リノベーションを進めていくうち、通常は予算の問題であきらめなければならないことも出てきますが、能登屋さんはやりたいことは、すべて実現できたとのこと。

「やりきった感がありますね。空間が狭いというのも、希望をすべて実現できた理由だと思います。広いとさらにお金がかかりますから、ここまですべてにこだわることはできなかったかもしれません」。もちろん、予算をクリアするために、自分たちで情報を集めて設備機器を取り寄せ、施主支給という形を取ったり、設計料を別途支払う必要がある建築士に依頼せず、直接工務店とやり取りしたりと、ほかの工夫もしていますが、狭い家を選んだことは、結果的にリノベーションを細部までこだわりきることにも貢献してくれました。

正直、もうちょっと広いほうがよかったのかもと思うことがないわけではないという能登屋さんですが、自分たちの暮らしに合わせて一からつくり上げた空間の満足度のほうがずっと高く、もし今からもう一度やり直すことができるとしても、同じ選択をするといいきれるそう。一方で、整理収納アドバイザー1級の資格を取得するなど、この家をさらに快適にするための前向きな努力もしています。広さをあきらめたら、あこがれの住宅地に、思い通りの空間が手に入る。そんな選択肢も楽しそうだし、ありだと思わせてくれる能登屋さん宅です。

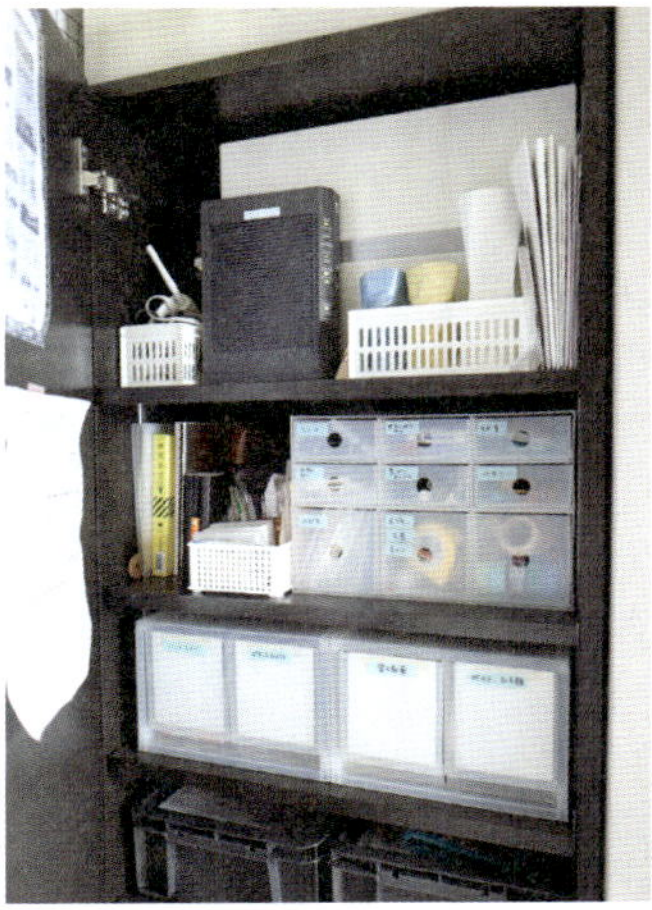

上：ウォークインクローゼットには洋服や、家電などの大きいモノを一括収納。下：玄関にある、唯一の扉付き収納棚の中に文具、工具、薬など生活の雑多なこまごましたモノを。配電盤（最上段の棚）もこの中に。

キッチンツールはどれも色味を統一し、デザインのいいモノを選んでいるので、見せる収納をしていてもすっきり。包丁はマグネット式のナイフホルダーに。ポールにはツール、片手鍋、鍋のふたなどを。

教えてください！
Q＆A

Q
子どものグッズは どうやって収納してるの？

無印良品の木製棚をはき出し窓の前に置きました。背板のないオープン棚なので光を遮りません。子どもの洋服、ケアグッズ、おもちゃ、絵本などを収納。カラフルなモノはグレーのフェルトバスケットに入れて、色の氾濫を抑えています。

Q
将来的に子どもの部屋は どうするの？

元々テレビの周辺と奥の窓のあたりを仕切る室内窓のある壁を付けようと検討していたくらいなので、そこを仕切ってもう１部屋をつくると思います。最初から付けなかったおかげで、まだ、しばらくは壁のない状態の広々感を堪能できています。

Q
リノベーションの 情報はどうやって集めたの？

インスタグラムやRoom Clipなどの写真を共有できるＳＮＳが役立ちました。リノベーションや部材名などのキーワードをハッシュタグで検索。気になるモノを見つけたら使用感を直接尋ねられるので、ユーザー目線の有益な情報が集まりました。

Q
スーツケースや ふとんはどうしてるの？

ふとんはベッド下に収納。以前はよく友人が泊まりに来ていて、奥の寝室をゲストルームにしていたくらいなので、来客用のふとんも持っています。スーツケースは寝室のベッドと壁のすき間にぴったり収まったので、そこが定位置になりました。

53㎡
4人暮らし

マキさん宅
会社員
シンプルライフ研究家

シンプル暮らしが身についたのは
狭い家に鍛えられたおかげ。
日々の家事がラクになり、
心と時間に余裕が生まれました

まき 広告代理店に勤務するかたわら、ブログ『エコナセイカツ』を執筆。不要なモノ&不要な家事を排除した、合理的でありながらもていねいで豊かな暮らしぶりが人気。著書に『持たないていねいな暮らし』（すばる舎）など。http://econaseikatsu.hatenadiary.com

ダイニングに座っていてもキッチンで料理をするマキさんの様子が分かる間取り。子どもに声をかけられたら、すぐに対応できます。

60平米から53平米。狭くなったけれど広さよりも大切にしたのは、立地＆環境

ホワイトグレーのフローリングに、カーキ色のカウンターキッチンが配された、ちょっと設計者のこだわりを感じさせる内装。そこに焦げ茶色のテーブルや黒のチェアが置かれ、シンプルながらもモダンな雰囲気のマキさん宅です。朝と夜に小さなリセットを繰り返すだけで、いつもなにもモノが置かれていない状態になるテーブルと、子どもがはしゃぎ回っても安心な、モノの少ないリビングスペース。ふたりの子どもとの４人暮らしには、53平米の１ＬＤＫは広くないはずなのに、もしかしたら十分かもと感じさせるほど、余裕があります。

夫が転職することになり、元の社宅を出て、マキさん家族がこのマンションに暮らしはじめたのは４年ほど前。以前の住まいは60平米ほどの２ＬＤＫでしたが、ここは53平米の１ＬＤＫ。４畳ほどの１部屋分が減った計算です。人は、狭い家への引っ越しというと、後ろ向きに考えがちです。でも、とても気に入っているエリア、自分がいちばん長くいるキッチンが空間の中

リビング側からダイニングを覗いたところ。カーキ色のカウンターキッチンが黒や焦げ茶の家具とよく合って、モダンな雰囲気のインテリアに。

心にあり、台所仕事をしながら子どもの様子が見られる間取り、内装デザインやリビングダイニングの全面窓の気持ちよさと、いくつもの要素に魅力を感じ、狭くなることへの抵抗感はなく、ひとめ惚れに近い感じで引っ越しを決めました。

「長女が通っていた保育園から転園しなくていいというのが、住まい探しのいちばんの条件でした。もう一度、一からの〝保活〟は大変ですから。以前は隣駅に住んでいたのですが、こちらの住まいは、駅へとつながる道のりが商店街で楽しく、町を歩いている人の雰囲気もよくて。町ぐるみで子どもを見守ってくれるような、子育てしやすい環境で安心できたことが、このマンションに住むことを決めた理由です」

自分たち家族が支払う家賃に上限がある以上、住まいを決めるのに大切なのは優先順位。マキさん家族にとって大切だったのは〝広さ〟ではなく、住まいのある立地や環境、そして間取りの使いやすさや内装デザインなど、住まい自体の魅力でした。つまり、広さへの執着をなくせば、住みたいエリアに、住みたいと思える家に住める確率がぐっと高くなるということ。「子どもが大きくなっていくのだから、広い家に住まなくては！」と決めつけることなく、柔軟に考えたことで、優先順位の高い条件を叶えることができたのです。

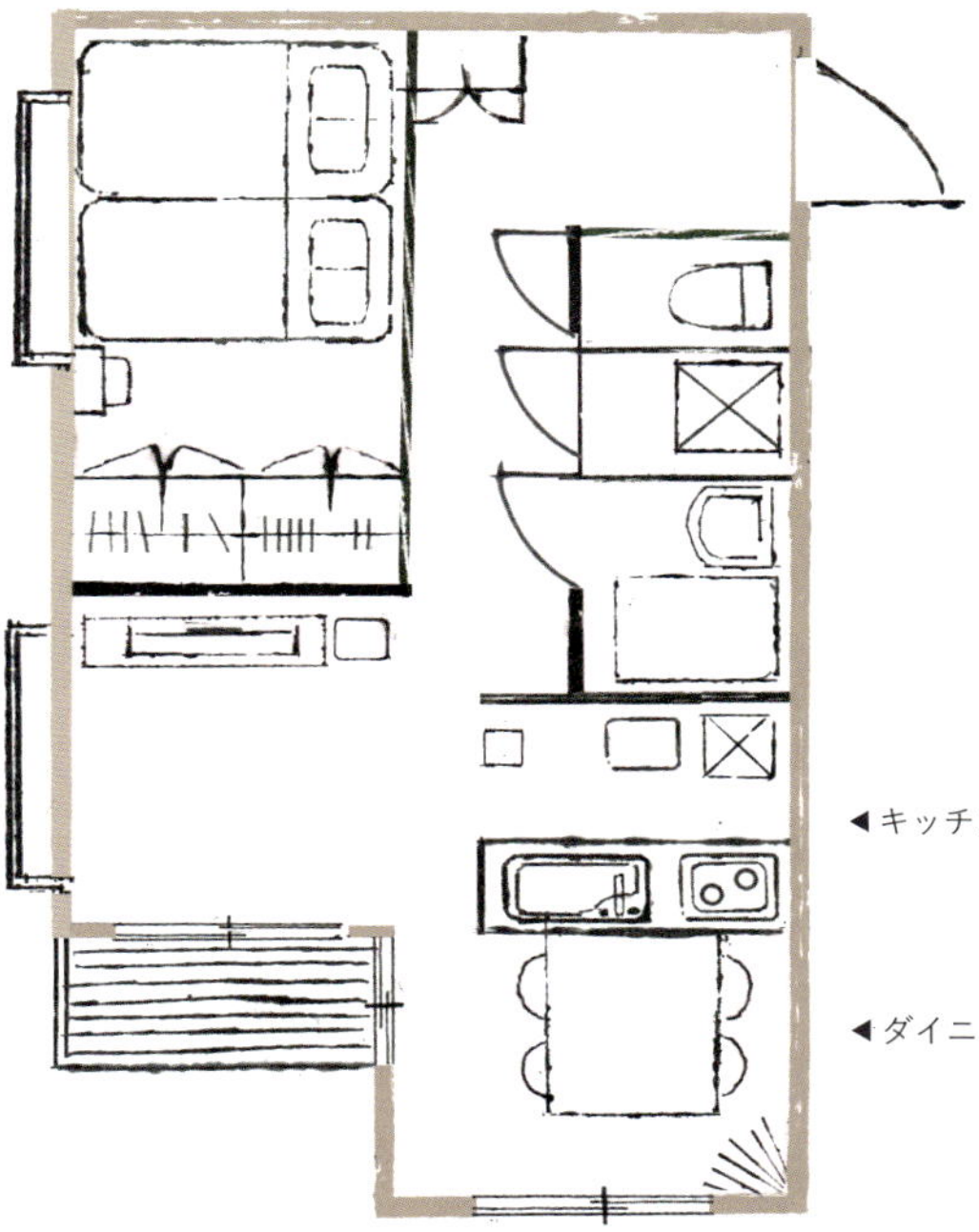

DATA

４人暮らし（30代前半の夫婦＋長女小２＋次女３歳）

53㎡　１ＬＤＫ（リビング６畳＋ダイニング６畳＋寝室８畳）

築16年（住んで４年）

集合住宅（賃貸）

東京23区内人気の住宅地

駅徒歩５分以下

暮らしを大きく見直し、シンプル暮らしへ。モノを減らしたら、暮らしがうまく回りはじめた

引っ越し当時は、3人暮らし。仕事をしながら家事に育児にと忙しくしていて大変ではありましたが、なんとかこなしていたマキさん。でも、次女を妊娠したことが大きな転機となりました。ワーキングマザーとして走り続けながら、ふたりの子育てをするには、それまでの暮らし方では回っていかない、絶対にパニックになると思ったのだそう。そして、産休、育休の間に暮らしを大きく見直したのです。

「仕事に復帰したら、掃除も行き届かなくなるだろうことは想像ができました。だから、家事をラクにするには?と考え、モノは少ないほうがいいという結論に。当時は、このリビングにソファやローテーブル、照明スタンド、本棚も置いていたんですが、大きな家具やモノがないほうが子どもはのびのび遊べますし、掃除機をかけるのもラクです。インテリア雑貨が大好きでいっぱい飾っていたんですが、よく見ると、ほこりをかぶっているだけ。余裕がなくてきち

ソファやローテーブルを手放し、がらーんとさせているリビング。子どももものびのび遊べて、掃除もラクといいことばかり。テレビはこの窓の向かい側にあるテレビボード兼収納ボードに置いています。

んと手入れもできないなら、不要だと感じたんです」

　とにかくラクに掃除&片づけができ、忙しく働きながらも気持ちのいい空間をキープすることを優先させたマキさん。暮らしを楽しくしてくれるはずの雑貨も、ほこりがたまってしまうような状態では意味をなさないときっぱり決断し、不要なモノ、使っていないモノを2年ほどかけて手放していきました。

　スタートは飾っていた雑貨など、パッと目に入るモノから。すると、それらを置いておくための棚が不要に。そして、引き出しの中など見えていなかったところを最後に。「実際、描けなくなっていたペンとか、本当に不要なモノがいっぱいありました」。

モノが少ないと、
子どもがおもちゃを広げて遊んだ後も、邪魔するモノがないので片づけがカンタン。
モノが少ないと、
出ているモノが目立ち、すぐ片づけようと思うから、すっきり空間がキープできる。
モノが少ないと、
必要なモノがすぐ見つかるから、探し物に追われないし、どれを使うか迷わない。

モノが少ないと、
収納スペースがたくさんなくても大丈夫で、狭いスペースでも快適に暮らせるようになる。
モノを手放してシンプル暮らしを心がけるようになったら、こんな風にいいことがいっぱいありました。片づける、探す、掃除する。これらにかける時間は膨大。モノを減らすことで、手間が激減して家事の時短になり、時間にも心にも余裕が生まれ、暮らしがうまく回ることを実感したマキさん。シンプル暮らしを続けることが、マキさん宅のベースになりました。

上：飾っておきたい子どもの作品や家族の思い出の写真。とはいえ、くつろぐリビングなどには少々にぎやかすぎるので、玄関に飾って楽しんでいます。下：子どものおもちゃはリビングのテレビボードの横のかごの中に。これ以外は、子どもの手の届かないところに置いているおもちゃが少々。ときどき出して特別感を演出しています。

必要なモノだけを持てばいい。
〝今〟を意識すれば、子どものモノだって増えない

たくさんのモノを手放した後は、「こんなにも不要なモノを買ってしまっていた」という反省もあって、買い物にはかなり慎重になったマキさん。今は、高価なモノはもちろん、100円ショップのモノでさえも、かなり吟味して買うようになりました。

「以前は、休日になると家族でショッピングモールに出かけ、なにかしら買い物をしていました。でも、今思えば、本当に必要というより、ただのストレス発散」。そうやって出かけるたびにモノを増やし、モノに囲まれた家はなんとなく快適じゃないから、休日は外に出かけ、またモノを買う。そんな悪循環から脱したマキさんの暮らしは、とてもすがすがしく、風通しがいい印象です。この家で過ごす時間は、とても楽しいんだろうと思わせてくれます。

子どもがいるとモノが増えるからシンプル暮らしは無理と考えてしまう人も多いはず。「子どもは成長が著しいから必要なモノがどんどん変わる。でも、今使っているモノは決して多く

基本“しまう”収納派のマキさん。つまり持っているのはキャビネットに収まる量の鍋や皿、調味料だけ。おかげで作業台が広く使えて料理がしやすく、掃除もラク。モノに油汚れもつきません。

はありません。わが家では、そのときどきに必要なモノだけを持つようにしています」。

意識するのは、〝今〟だけ。今、必要なモノを持ち、過去に必要だったモノは手放し、将来的に必要なモノは、必要になったときに買う。そう心がけているだけで、困ってしまうほどにはモノは増えないと、マキさんは感じているようです。洋服も同じ。おしゃれは好きなので、毎シーズン、楽しくそれなりに買い物をしています。そして、今の気分に合うモノ、今の自分に似合うモノだけを着るようにし、1年以上着なければ、処分の対象に。過去も未来も考えず、今着るかどうか、それだけを考えていれば、洋服も増えすぎないのです。

日々の見直しでモノを増やさない。掃除を兼ねた〝全部出し〟！

少なく持つようにしているとはいえ、ぼんやりしていれば、いつのまにかモノが増えてしまうのも現実です。お話を伺っていると、マキさんが、このシンプル暮らしをキープできているのは、見直し作業を頻繁にしているからということが分かってきました。月に1回は、どこかしらの見直しをしているのだそう。

「今日はシンク下と決めたら、中に入っているモノを全部取り出して、要不要を見直します。今使っているか、今必要かという視点で」。不要なモノがないかな?と思って、その場所を見渡すのではなく、入っているモノを全部取り出すことがポイントのよう。元の場所に戻すほどかどうか、フィルターが一段厳しくなって、持っていることさえも忘れていたようなモノを見

上：洗面台が浴室の中にある間取りなので、メイクはキッチンでするマキさん。吊り戸棚下段がメイクグッズ置き場。鏡も下に取り付け、動かずメイクができるようになっています。下：アルミの名刺入れにファンデーション、チーク、アイブロウパウダーをはめ込んで、コンパクトにカスタマイズ。

つけ出す感度が上がります。〝全部出し〟したついでに、掃除もできるので、一石二鳥。一カ所のモノを全部出すのは、モノとしっかり向き合うには有効な手段のようです。

ていねいな暮らしのおかげで、モノが少なくても、気持ちは豊か

持たない暮らしというと、なんにもモノがなくて殺風景な部屋や、どこか浮世離れをしている人が思い浮かびます。でも、マキさん宅にお邪魔すると、たしかにモノは少ないけれど、なにかをすごく排除しているわけではなく、ちゃんと暮らしを楽しんでいることが感じとれます。働くママとして忙しくしながらも、好きなこと、大切にしたいことは守っている、そんな印象です。大げさなことではないけれど、旬と新鮮さを大切にして野菜を買い、そのおいしさを生かしてシンプルに調理したものを家族に食べてもらう。凝った料理はしなくても、簡単な作りおきはいろいろしてあるから、冷蔵庫の中にはおいしいものがいっぱい。みそやポン酢などの

暮らしをシンプルにしたおかげで、大切にしたいと思っている食まわりに時間をかける余裕ができました。週末には、作りおきの常備菜やゆで野菜などを準備しています。季節ごとに果実シロップや梅干しを作ることもいといません。

調味料だって、あたりまえに作っている。季節がくれば、梅干しを作ったり果実シロップを漬けたり。子どもの絵や家族みんなの写真が玄関で迎えてくれるところからも、家族との暮らしをマキさんが大切にしていることが分かります。モノは少なくても心は豊か。いや、モノが少ないから、心と時間に余裕が生まれ、マキさんのやりたいことをちゃんと実現させてくれる、豊かな暮らしが手に入ったといったほうがいいのかもしれません。

狭い家でも大丈夫だったから
どこにでも住めるという自信が生まれた

「モノを減らしたことで、私たち家族はどんなところでも住めるという自信が生まれました。この狭い家に住んだことで、私自身が鍛えられたんです。これから広い家に引っ越すこともあるかもしれませんが、自分と家族が心地いいと感じる暮らしが、狭い家でも実現できたことは意味のあることでした。この家でのシンプル暮らしをきっかけに、私は自分の本当の好みや自分自身のことがはっきりと分かりました。もし、その前に広い家に引っ越していたら、きっとあまり考えることなく、広いのをいいことにどんどんモノを増やしてしまった気がします」

長女が生まれたころは、住宅展示場を回るなどし、一軒家を建てることにあこがれたこともあったマキさん。でもシンプル暮らしを実現して、狭い家でも暮らしが快適に回ることを知った今となっては、それほど大きな家を持つ必要性をあまり感じなくなったといいます。

じつは、この取材のすぐ後に、引っ越しを決めたマキさん。次の家は少し広くはなりますが、

片づいた状態をキープするためには、リセットの積み重ねが大切。長女はダイニングテーブルで宿題をしますが、終わったら寝室にある自分の机に必ず戻すようになりました。次女とはいっしょに片づけをし、リセットを繰り返します。テーブルも床も元々がなにも出ていない状態なので、片づけるのがラクですし、片づけたくなります。

それでも59平米と、４人暮らしにしては、やはり狭めの２ＬＤＫ。広すぎると、自分の今の状況では管理しきれないと感じているからの結論です。「３ＬＤＫだと、１部屋多い。結局、その部屋に使っていないモノを詰め込んでしまうだけになる気がするので、家賃を払ってまで、そのスペース必要?と思ってしまいます。子どもたちがもっと大きくなったら、また状況は変わるかもしれませんが、今はまだ、そこまで広い家の必要性は感じていません」。

広すぎて全体を管理できずにキャパオーバーになるくらいなら、あえて狭い家を選ぶ。今は、そんな心境のマキさん。53平米の１ＬＤＫで４人暮らしをしているときでも、「狭いから片づかない」「狭いからすっきり暮らせない」などと言い訳せず、自分たちがラクに快適に暮らせる方法がないかをしっかり模索し、持たない暮らしにたどり着きました。そのおかげで、どこであってもかろやかに住みこなせる力を身につけることができたようです。

狭い家に住むことで、自分自身と家族にとっての優先順位が分かったマキさん。狭い家が、モノにふりまわされずに豊かに暮らす力を養ってくれました。今後、どんな家に住むことになっても、どんな暮らしをすることになっても、マキさんにとって、その力は一生の財産になってくれることは間違いありません。

上：ハンディの充電式掃除機の１度の充電で家全体の掃除ができることも狭い家のメリット。いつでも気軽に掃除ができます。左：同じモノを複数持たなくていいというのも、狭い家のメリット。ごみ箱もキッチンにひとつだけ。どこからも遠くないので、困りません。

上：食器はすべて吊り戸棚の中に。家族4人分ちゃんとおいしく食事をするのに十分な量です。下：しょうゆ、みりんと酒の役割を果たす「味の母」、みそ、砂糖、塩、こしょうの基本調味料でまかない、ポン酢、甘酢、めんつゆは自家製。市販品のボトルを増やすことはしません。

教えてください！

Q & A

Q
狭い家のメリットは ほかにもある？

家族が自然と近くにいられること。狭いと強制的にいっしょに過ごすことになるし、ひとりで遊んでいたとしても、ほかの人の気配はつねに感じていられます。キッチンに立っているときでも子どもの様子が目に入ってくるので愛情をかけやすいです。

Q
将来的にもずっと 賃貸のつもり？

夫の実家が岐阜にあるんです。最後のすみかとして選択したい、緑豊かないい田舎。土を耕す暮らしもしたいから、娘たちが独立したら、そこに帰りたいと思っています。だから、それまではそのときどきに必要な広さを選べる賃貸暮らしの予定です。

Q
スーツケースや ふとんはどうしてるの？

幅の狭い子ども服の奥にできるすき間にスーツケーツを収納し、中には季節外の洋服を収納。冬のふとんは次のシーズンまで預かってくれるクリーニング店へ。客用のふとんも１組持っていて、クローゼットの中になんとか収めています。

Q
洋服もかなり 厳選していますか？

今の自分に似合う服だけあればいいと考えていますが、極端に少ないワードローブでもないと思います。定番色をネイビー＆ホワイトと決めているのですが、定番色が決まっていると、コーディネートがまとまりやすくなり、服が増えすぎません。

53㎡
5人暮らし

鈴木さん宅

フリーランス編集者

家族全員がいっしょに暮らせる時期は長くない。合宿感覚を楽しみながら、小さい暮らしを満喫中

すずき 大手出版社勤務を経て編集者として独立。現在は、映画や音楽などエンターテインメント、暮らし、食などに関連する取材、執筆、編集を行っている。プライベートでは男子3人の母。子どもが小さいころは、フルタイムの会社員として勤めながら、子育てに奮闘していた。

唐松の床、グレーの壁、ツガの木の仕切り壁など、直線美の中に、「セブンチェア」の有機的デザインが映えます。ダイニングはモノを置きっぱなしにせず、一日一度はリセットしてこの状態に。

〝広いけれど不便〟より、〝狭いけれど便利〟なほうがいい。環境が、暮らしの味方をしてくれるマンションを選択

15年近く賃貸という形で暮らしてきたマンションを、そのまま購入した鈴木さん一家。購入を決めたときは、長男は14歳、次男は10歳、三男は6歳だったそうです。2〜3人暮らしでも、60平米以下では狭いと感じる人も多いなか、子ども3人、それもこれからまだまだ成長する男の子3人の子育て真っ最中の鈴木さんが選択したマンションが、53平米。購入するなら、もっと広いマンションや一戸建てに住み替えという選択肢もありそうですが、あえてそのままの広さ。そこには、並々ならぬ決意があったのかと思いきや、いろいろな理由が重なって、自然な流れでの決断だったようです。

「夫は学生のときから、私は結婚してからずっと住んでいるエリア。地縁もいろいろできて、離れたくないというのがひとつ。そして、手の届きやすい値段だったというのも理由です。夫婦ともに地方出身で、広い土地があって大きな家が建っているところに育ってきたこともあり、

ダイニングをすっきりさせた分、リビング側の壁は全面収納に。テレビ、本、ＣＤなどすべてここに。本はどんどん買うので増えますが、はみ出した分は、古書店へ。

小さな敷地のペンシル型の戸建てに6千万など、そこまでの大金をかける意義があまり感じられず……。住まいは資産というより、東京に便利に住むための道具と考えています」

近くに住んでいた友人のなかには、子どもが大きくなったのをきっかけに、ちょっとエリアを変えて広いところへ引っ越しという選択をされた人も多いそう。でも、鈴木さんは、なじみのあるエリアに住み続けることを選びました。教育環境がよく、子どもたちが熱心に続けているフェンシングの練習場も近くにある。目の前にバス停があり、同じマンション内には病院も。広い家に住むことよりも魅力的と感じることがいっぱいありました。「仕事をしながら子どもを育てている身としては時間が大切なので、〝広いけれど遠くて不便〟よりは、〝狭いけれど便利〟なほうがいい。ここならまわりの環境が味方をしてくれる、そう思ったんです」。

子どもたちがさらに大きくなるのに、不安はなかったのでしょうか？

「なんとかなると思ったんですよね。この家に家族全員がいる期間って、そんなに長くないと思ってるんです。私の実家は都会の感覚で考えると、10ＬＤＫと、広い。たしかに昔はたくさんの人が住んでいたけれど、今はそこに母がひとりで暮らしています。それを見ると、家族がマックスのときに合わせて家を整えるのは、どうなんだろう？と考えました。私も夫も18歳で

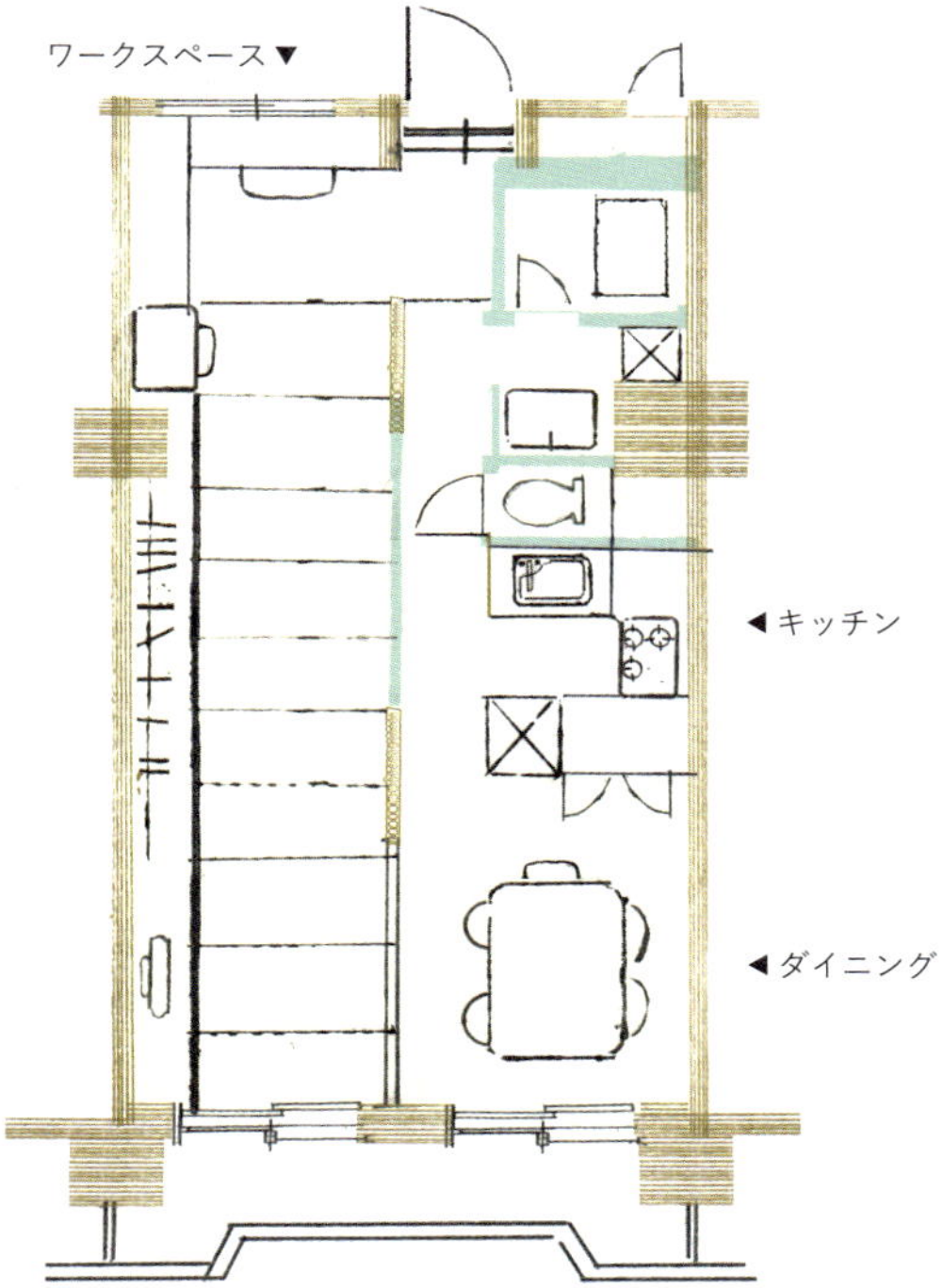

DATA

５人暮らし（40代後半の夫婦＋長男高２＋次男中１＋三男小４）

53㎡ 変則ワンルーム（ダイニングスペース５畳＋ワークスペース３畳弱）

住んで約20年（リノベーション後３年）

集合住宅（持ち家）

山手線内の文京地区

駅徒歩10分

リノベーション依頼先：デザインライフ設計室　www.designlifestudio.jp

実家を出ていますし、子どもたちも、いつかは出ていきます。18歳になったら独立したいと思うくらいの家のほうがいいんじゃないでしょうか」と鈴木さん。

鈴木さんのご実家は、宮城の気仙沼。震災という未曾有の被害を目の当たりにしたことも、理由のひとつ。「最低限のモノや広さがあって家族全員がいっしょにいられること。それだけで幸せでは？　と考えたことも大きかったです」。

リノベーションで、ワンルームスタイルへ。狭い家だからこそ、空間の美しさは重要

そのまま賃貸でもよかったはずなのに購入を考えたのは、当時、仕事であちこちの地方に出向いて、新築の一軒家を取材することが多かったのがきっかけ。地方の家はとにかく広く、東京とはまったく違う住まい方がされていました。そんな暮らしを見るうちに、リノベーションをしたら、自分たちの暮らしはどう変わるのだろう?と思うようになりました。当時の間取り

畳を敷いたリビング側は、ごろごろするスペースであり、寝室にもなります。一部、中2階のように床を付け、上で遊んだり勉強したりできるようになっています。家中のスペースがマルチユース可能です。

は3ＤＫ。ひとつひとつの部屋が小さく、長男が一部屋を独占している状態。同じ広さでも、リノベーションをすれば新たな住まい方ができるのではないかという思いが生まれました。「単にリノベーションをしてみたかっただけなのかもしれないですけどね」と笑う鈴木さん。リノベーションも狭い家に住むことも楽しんじゃおう、そんなおおらかさを感じさせる笑顔です。

リノベーションを依頼したのは、建築家の青木律典さん。「雑誌で施工例を見て、夫がこの人と断言したので、まずは会いに行きました。青木さんはご自宅もリノベーションしていて、同じく60平米以下。リノベーションで空間が大きく変わることが実感できましたし、参考になることもたくさんあったので、依頼を決めました」。

青木さんから提案されたのは、個室をつくらず、家族全員ですべての場所を使いきるような間取りでした。個室をなくす案を希望したわけではないですが、まずは、それでやってみようと思ったといいます。「最初はシンプルにしておいて、必要になったら、仕切りは増やしていけばいいと考えました。リノベーションを終えた時点が完成ではなく、そこからがスタート。そのつど青木さんと相談しながら、改良していくつもりでした。実際、暮らしながら、仕切りを付け加えてもらったところもあります」。

障子を通して室内に入ってくる光の美しさは、住んでいても、はっとさせられるのだとか。空間が美しいと、モノをたくさん持つことよりも、この空間をキープしたい気持ちが強くなり、モノが増える歯止めになります。

リノベーションを終えてみたら、細かく仕切られていた間取りが大きな一部屋になったおかげで、家自体の広さは変わらないのに、かなり空間が広々した印象に。書棚、テレビ台、クローゼット代わりの各個人のロッカーなどもすべて造り付けになったので、置き家具が不要になり、使える床面積もぐっと広くなりました。

なにより、リノベーションをして得られた美しい佇まいには、住まいはじめて3年近く経った今も、感嘆することがあるのだそう。床材は無垢の唐松で、足のあたりがよく、素足で歩くと気持ちいい。窓に取り付けた障子からもれる光の美しさに、はっとする。

「結婚したときから、『セブンチェア』を使ってきましたが、この空間に置いたときにはじめて、デザインのすばらしさが生きると感じました。リノベーション後のこの空間に住んでみて、空間自体が美しいと、モノをたくさん持ったり飾ったりしなくても殺風景にならないうえ、満足度が高いんだと分かりました」

狭い家ではどうしてもモノとのつきあいがシビアになります。でも、空間自体が美しく、使用されている素材の質感がいいと心の満足度が上がるので、多くのモノを持つ必要がなくなったり、この空間の美しさを保ちたいというモチベーションによって、不要なモノは極力置かな

コンロ前のポールひとつで、鍋のふた、ざる、キッチンツールが使いやすく収納できました。壁や宙空を収納に生かすのは狭い家でのマスト事項。

くなったり。空間の美しさや質と、部屋の手狭さの問題は無関係なようでいて、じつはとてもリンクしていたようです。

狭い家では、マルチユースを意識すると、空間が有効に使える

リノベーションをする前から、この53平米で暮らしている鈴木さん一家。子どもが成長するに従ってモノが増えてきたので、以前から、モノとはシビアに向き合いながら暮らしてきました。そんななかで、空間を賢く使う技術も自然に養われていったようです。そのひとつが、場所もモノもマルチユースとなるよう工夫するということ。ひとつの用途にしか使えない場所やモノを極力減らしていくことで、スペースの有効活用が可能になります。実際、リノベーションにも、そんなマルチユースの発想が生きています。

例えば、畳を敷いた部屋。

左：玄関の土間を広く取り、一部を鈴木さんの仕事場に。ワゴンを広げて補助テーブルとして使います。このワゴンはキッチンでも使用。右：たくさん書類を広げるときは、ダイニングで仕事をすることも。あちこちがマルチユース。

ソファ代わりにごろごろすることもできれば、寝室にも変身。もちろん、家族が集まるリビングとしても機能します。

玄関も、同様。

土間を広く取り、鈴木さんの仕事用デスクを置いて仕事場を兼ねます。さらには雨の日には洗濯物を干す場所にもなります。

例えば、ダイニングテーブル。

リビングだけでなく、玄関や通路にもアートが飾られています。玄関の浮世絵は子どもたちが生まれたときに、それぞれ記念に買ったモノ。折々にかけ替えています。

モノの持ち方の本は惜しまず買って読み、整理するときのやる気アップに役立てています。なにかしらのヒントを見つけて実行したら、本は次の持ち主へと循環させます。

食卓であり、子どもたちが勉強する場所になり、鈴木さんの仕事場にも早変わり。折り畳みができるワゴンも同じ。ときに仕事場、ときにキッチンへ移動させ、補助テーブル代わりとして活躍させます。洗面所に持って行けば洗濯物を畳む台となり、その後収納場所まで運ぶときのワゴンに。できるだけ単一機能の空間をつくらず、そして単一機能のモノを持たない。空間とモノを無駄にすることなく、使いきる。狭い家を住む人には、大いに役立つ考え方です。

モノを増やさないようにするためには、訓練が必要。定期的に自分のやる気を引き出し、モノの整理を

53平米の家に住んで20年近く。家族5人暮らしですから、気を抜くとモノはたまってしまいます。「今は、洋服も本も手放すことに抵抗はなくなりました。この家に住む限りは定期的に処分する必要性があるから、訓練されてできるようになってきました。家が広ければ、モノを

置いておくことができ、処分をしなくていいからラクなようにも思えます。でも、結局、決断を先延ばしにしているだけ。家が広ければ広いほど、モノはたまり、そして管理は大変になる。広い家にはいいこともいっぱいあるけれど、広い家のほうが高い管理能力が必要で、じつは大変だと思うんです」。広い家であっても、いつかはモノを整理し、処分しなければいけないときがくる。狭い家に住んでいると定期的に整理しているから、いつも身軽でいられます。

鈴木さんがモノを整理するときに役立てているのが、ミニマリストやシンプル暮らしをしている人たちが、モノの持ち方について語っている本。考え方が違って全部に共感はできなくても、どの本にも必ず、参考になるアイデアがあり、刺激がもらえるので、なにかしら役立ち、モノを手放す作業がはかどるのだといいます。「広さが違うから」「家族構成が違うから」などと思わず、その本にヒントをもらうつもりで読むのがコツ。

「自分と違う価値観の人の本を読むと、その視点で自分の家を俯瞰《ふかん》できるんです。そして、一項目でも実際にやってみる。それだけで、その本が私のところにやってきた価値があると思っています」。人は訓練で変われるから、「自分は捨てられないタイプだから、狭い家は無理」と決めつける必要はないと、鈴木さんの暮らしは教えてくれます。

上：ダイニングとキッチンをつなぐカウンターはモノを受け渡す場所となり、お茶をいれる台となります。下：次男と三男はフェンシングの全国大会で活躍するほどの腕前。部屋を広々としたワンルームにしたおかげで練習も可能に。

持つモノ、持たないモノにメリハリを。
自分たちの暮らしに大切なモノはあきらめない

モノを少なくしながら暮らしてはいるけれど、最小限のモノで暮らすミニマリストではない鈴木さん。アートが空間を飾り、棚には本やCDがしっかり入っていて、室内をパッと見るだけで文化度の高い家族だということが伝わってきます。

「それぞれの個室がなくて、家族が近い状態で暮らすことのメリットのひとつは、互いが興味を持っていることが自然にほかの家族にも伝わることだと思います。自然に親が読んでいる本、聞いている音楽が子どもの日常になりますし、兄弟間でも影響し合う。逆に子どもの好きなモノが親にもよく分かります」。狭い家のメリットは、いやでも家族がいっしょにいられること。だから、狭いからといってなんでもかんでも排除するのではなく、本、CD、アートなどは持つべきモノと決め、それを介して、親子、兄弟の間で互いに影響を与え合えるような環境をつくることを鈴木さんは大切に考えています。

一方で、持たないモノもあります。鈴木さん自身の洋服は、びっくりするほど少数精鋭。幅50㎝ほどのポールに、オールシーズンの洋服がほぼかかっています。「今の自分をすてきに見せてくれる洋服だけがあればいいと本に教えられ（笑）、似合うモノだけを残して、つどつどアップデートしていく形にしました」。

キッチンの分別ごみ箱もリストラし、炊飯器、掃除機も持つことをやめました。ごみは集積所にこまめに出し、ごはんは鍋で炊き、掃除はほうきで間に合わせます。驚くほどに合理的に持つモノ、持たないモノを判断しているのです。

「狭い家と折り合いを付けなければならないとき、なんの罰ゲームをしてるんだろう？と思うこともあります。でも、リノベーションをするとき、わが家は『合宿所』を意識したんです。合宿って濃密な時間をみんなでいっしょに過ごすじゃないですか。今、わが家はそんな時期だと思っています。1年半経てば、長男は大学生になる。独立することになれば、また暮らしは変わるはずです」。濃密だから大変なこともあれば、濃密だから生まれる楽しさや団結力もある〝合宿〟という状態。その期間が永遠に続くわけではないからこそ、よい面を大事にして楽しんでいこう。そんな前向きな意思が鈴木さんのお話にはあふれていました。

右：キッチンはコックピットのようになんにでもすぐに手が届きます。シンクの上の棚はいつも空けておくので、作業中にモノが置けて効率よく調理が可能。左上：冷蔵庫の引き出し前面も収納場所。下のほうなら目につきにくく、でも必要なときはさっと手が届きます。左下：ダイニングとキッチンをつなぐ場所。左の壁は学校からの連絡用紙を貼っています。確認しやすく、でも丸見えにならない位置。下の棚には三男の学用品を収納しています。

教えてください！

Q & A

Q
瓶、缶、段ボールなどの分別ごみはどうしているの？

分別ごみ箱をそれぞれに用意していたら、キッチンのスペースが足りなくなってしまうので、マンションのメリットを享受して、こまめにごみ集積所に出すことに。キッチン内では、マグネットフックにレジ袋をひっかけて一時置き場にしています。

Q
手放してしまって失敗したモノは？

無駄なモノとして持たない人もいる、水きりかご。そんなミニマリスト的発想に触発されて、一度処分しました。でも家族5人のわが家には必要なモノということが分かり、買い直し。使わないときは棚にのせて、作業台を広々使えるようにしています。

Q
今の間取りのままずっといくつもり？

暮らしながら変化させていくつもりでリノベーションをしたので、どんどん変わっていくと思います。今は、ダイニングと畳スペースの間に引き戸を付けることを検討中。音の問題も出てきたので、うまく解消する方法がないかも模索しています。

Q
狭い家の暮らしに向いている人は？

楽観的で適応力のある人。状況に満足しながら、工夫できるので向いています。逆に向いてないのは優しすぎる人や、いい人を目指しすぎる人。もらったモノが捨てられなかったり、人の価値基準がどうしても気になったりして自由に発想できないから。

35㎡
2人暮らし

飯島 寛・尚子さん宅
会社員・ライター

狭い家のおかげで、身軽に、自由に生きる力を身につけることができました。家に縛られない暮らしです

いいじまかんしょうこ 夫の寛さんはIT系の仕事をする会社員、妻の尚子さんは外資系の会社に勤務後、フードライターに。寛さんは「とにかくやってみる」派で決断する担当。尚子さんはその決断をリサーチなどでサポートしつつ、現実化する担当。

2階の寝室には造り付けのカウンターがあり、夜はここでお酒を飲んだり、本を読んだりパソコンを使ったりとリビング代わりにくつろぎます。ベッドをソファ代わりにすることもあるそう。「窓からは一面の緑が見えるので、朝起きたときの景色は最高です」。

古めの狭いマンションからスタートしたおかげで その後の暮らしの自由度がぐっとアップ

飯島さん夫妻の狭い家歴は、結婚を機に、尚子さんが、寛さんの住む中古マンションに引っ越したところからはじまります。当時築30年で、いわゆる田の字型の２ＤＫの44平米。尚子さんと結婚する前に、「家賃を毎月払い続けるくらいなら買ったほうがいいかも」と寛さんが気軽な気持ちで、購入していたマンションです。そのマンションにそのまま住むこと2年。狭いだけでなく、間取りが使いにくく、通気性もよくない。料理好きな尚子さんの作る食事を、お酒を飲みながらゆっくり楽しむような暮らしをしたいと思っていたふたりには、まったく不向きな造りだったそう。マンションの買い替えも考え、新築マンションなどを見て歩きましたが、まったく惹かれる出会いがなく、「長年かけて返済するほどの金額なのに、これなのか！」と、がっかりしていました。

そんなときに、偶然出会ったのがリノベーション。ただの化粧直し的なリフォームではなく、

1階のキッチンは丸見えになるので、美しいことを大前提にデザインされています。こまごまとしたツールもキッチンのかっこよさを台なしにしないよう、ステンレス＆黒のモノを選んで統一感を意識。

間取りや内装を一からすべて造り替えて、暮らし自体を激変させる。そんなコンセプトに惹かれ、買い替えではなく、44平米の空間をリノベーションすることにしました。それが15年前のことです。「暮らしが根本から変わりました。それまで住んでいたのとまったく同じ場所なのに、私たちの願いがしっかり叶いました。このとき、デザインや設計の力があれば、狭いということは問題にならないと確信したんです」。

快適な暮らしを送っていましたが、次なる転機となったのは、ローンも終わり、もっと都心にも住んでみたいと思ったとき。いい出会いがあり賃貸で住み替えることになりました。こんなに身軽に引っ越せるのは、最初に古めでこぢんまりしたマンションを買っていたおかげ。新築で広いマンションを購入してしまっていたら、ローンの返済期間も長くなり、住み替えといっても簡単なことではありません。大きな家を買わずにいたことは、結果的に飯島さんたちが自由に暮らしを変えていくことを可能にしてくれました。そのうえ、そのマンションはリノベーションによって唯一無二の価値を持つことができたので、すぐに借り手がつき、その後8年、ずっと空くことがない状態です。自分たちにとって魅力的だと思う住まいに思いきってリノベーションしたおかげで、古くて狭い家の資産価値が上がっていたのです。

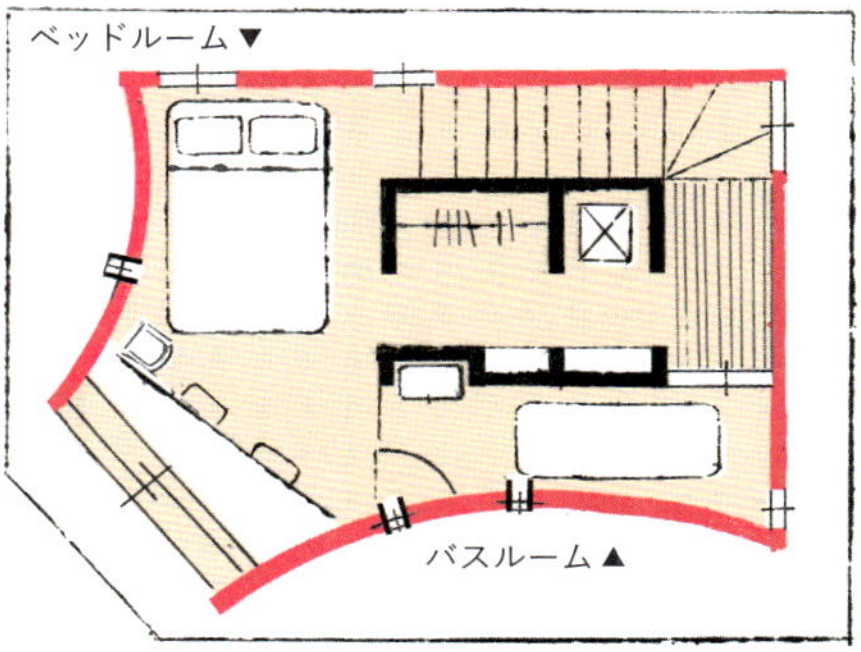

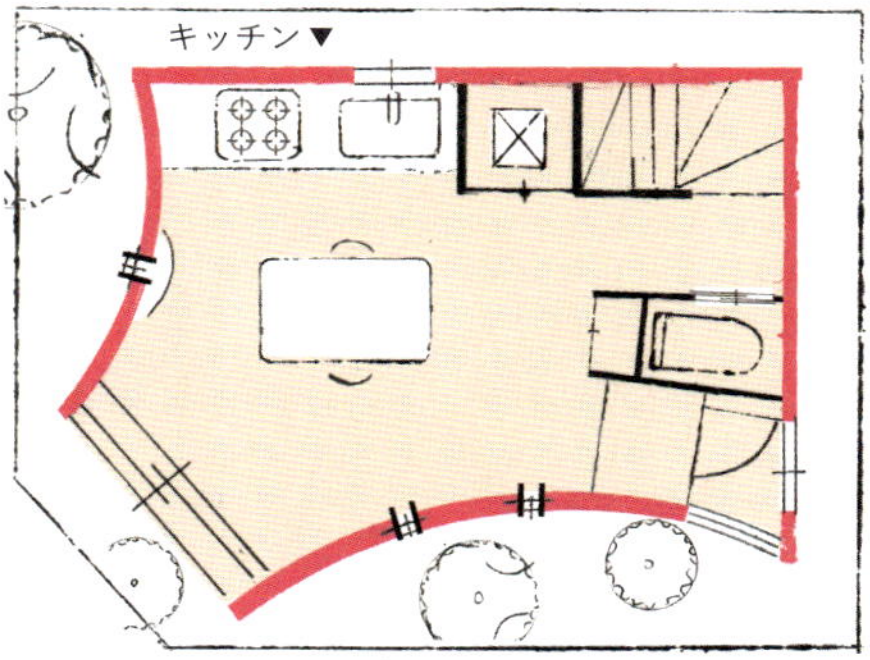

DATA

２人暮らし（40代後半の夫婦）

35㎡　１ＤＫ（ＤＫ８畳＋寝室６畳）

築３年（住んで３年）

戸建て（持ち家）

東京都港区

駅徒歩５分

設計依頼先：ニコ設計室　www.niko-arch.com

デザインや設計の力を信頼していたから、小さい家を建てることを決断できた

多くの人があこがれるような都心エリアでの賃貸暮らし。50平米ほどの１ＬＤＫでした。広さよりも、立地を優先した選択です。街から得られる刺激を楽しみ、借景の美しいルーフバルコニーのある生活を満喫するうち、都心の便利さと、緑の豊富さの魅力を体感することになりました。しばらくそんな暮らしを続けていたら、今度は立体の家づくりにチャレンジしてみたいとの気持ちが、ふたりの間でむくむくとわき上がってきたといいます。

いろいろ探して出会ったのが現在の家が建つ土地。前回よりもさらに都心の港区です。都心にもかかわらず、静かな住宅街で区の保護樹木になっている立派な木々を眺望でき、ちょっとした森の中に暮らしている気分になれる立地に惚れ込みました。でも、大きな問題はその土地がかなり狭かったこと。コインパーキング２台分の広さで、３階建ても地下もＮＧという場所です。かなり狭い家になることは予想がつきましたが、森の中にあるかのような、この小さな

駅からの道中も緑が多く、室内からも、屋上からもたっぷりの樹木を借景できる環境に惹かれて、この土地を購入することを決断。家の敷地内にも植栽をほどこし、街とつながる家を意識しています。

土地の魅力にはあらがえず、最終的には決断。「狭い場所でもちょっと工夫すればどうとでもなるという、リノベーションの原体験がありましたから」と、寛さん。最初に暮らしたマンションで感じたデザインと設計の力への信頼が背中を押してくれたのです。

本当に必要なモノ、好きなモノだけを持って新居に。広い家は、不必要なモノを抱え込むだけ

「家を建てるのに、まさか過去に住んだどの家よりも狭くなるなんて想定外でした。1階と2階合わせて35平米。学生が住むワンルームマンションの2戸分ですから」と笑う、尚子さん。元々趣味も多く、44平米の最初のマンション内にはDJブースをしつらえ、音響設備にもこだわってきたふたり。モノはそれなりに持っていたほうといいますが、賃貸暮らしの間にもモノを減らし、この家に引っ越してくるときは、新居に持って行くモノは本当に必要なモノ、好きなモノだけにすると決めました。「思いを込めてつくった家だから、その家に入れるのは思いの

あるモノだけにしよう。そう決めたら、ぜんぜん大変な作業ではなかったです。隠すスペースもないし、とりあえずモノを置いておけるようなところもない。これだけ小さなところに住むのだからと自然と覚悟もでき、ゲーム感覚で持ってくるモノを選びました」。

どれを捨てるかではなく、どれを新居に持って行くか、という視点でモノ選びをすると、おのずとモノは淘汰されていくということでしょう。ほかの家の方々同様、狭い家にモノとのつきあい方を鍛えられたともいえそうです。

収納スペースの確保は、この家の大命題。階段の踏み板の下はすべてが収納になっており、トイレットペーパー、アイロン、文庫本など多くのモノを引き受けてくれています。引き戸を閉めれば生活感は隠れます。

「今、これだけ収納が少なくて、しまい込む場所がなくても、使わないモノもあるし、持っていることを忘れてダブって買ってしまうこともあるんです。そう考えると、生活って、本当に表層にある、ちょっとのモノだけでぐるぐる回っているんですよね。こんなに小さなわが家で、かなりモノを厳選して減らしていてもそうなのに、広い家でいっぱい置くところがあったら、自分の持っているモノは把握しきれない気がします」

全部を個人的に家の中に持たなくていい。外の施設&モノを借りれば、狭くても大丈夫

「人の欲望にはきりがなく、無限に広がります。どんな広さの家に住んでいても、あともう少し広かったらと思う。置ける場所があれば、つねにあれが欲しい、これが必要と考える。でも、この限られたスペースをどう楽しくするか、そう考えながら暮らしたほうがハッピーですよね?」と、寛さん。

自分の発想で思いつくような家には住みたくなかったので、設計を「ニコ設計室」に依頼。色使いも思いきっていて、2階はピンクパープル色の壁に。ブルーのベッドカバーとのコントラストもおしゃれです。

現実問題、35平米の戸建てではできないこともあります。だから、そのとき、どう考えられるかが、暮らしの楽しさを分ける分岐点になるのです。

「今までもずっと狭い家暮らしだったので、家を建てたらソファを置きたいと思っていたんです。でも、まさかの35平米になってしまったので、結局、置けていません。ソファでくつろぎたいときは、いいソファがあるカフェに行けばいいと気持ちを切り替えました。そのための都心暮らし。すてきなカフェや、ホテルのラウンジがすぐ近くにありますから」

本が読みたいときは、図書館へ行く。ひとりになりたいときは、車にこもる、ホテルに泊まる。駅から家までの緑豊かな公道を自分の家のアプローチと考える。都会に暮らしているメリットを生かして、街中にある施設をとことん利用すれば、なにもすべて自分の家の中に個人として持つ必要はない。そう考えることで、35平米の家は快適になり、楽しく暮らせるということを飯島さん夫妻の暮らしは教えてくれます。

「キャンプに行くときのテントのようなイメージです。テントは最小限の大きさで、モノもちょっとしかなくて。あとはまわりのモノを借りて楽しみます。近くの温泉に行ったり、外の景色を堪能したり。わが家もテントみたいな場所と思っています。『借りぐらしのアリエッティ』

の映画を見たとき、夫が『俺たちもあれでいいじゃん！』と。必要なモノをちょっとずつ借りて暮らす主人公たちのように、公共の場所を上手に借りて活用すればいい。この家に住んでから、モノも場所もみんなでシェアするという考え方になってきました」

家を建てるときも、近隣の人や通行人にも楽しんでもらえるよう、周囲の緑の木々に映える外観を意識し、狭いながらも家のまわりには植栽をほどこしました。玄関を入ってすぐダイニングキッチンなので、いつでも気軽に友人たちが遊びにこられる場所になりました。

かっこいいキッチンの雰囲気を邪魔しないよう、冷蔵庫は隠すことを選択。キッチンの横の扉を開くと登場。器は冷蔵庫の隣。階段下のスペースを有効活用しています。

「『家に帰る途中で、この家が見えるとほっとするのよ。すてきな家にしてくれてありがとう』と、近所の人に言っていただいたこともあります。友人のお子さんには『今日は童話にでてくるようなおもちゃの家に行って楽しかった』とも。自分たちは、家の外にあるたくさんのモノから刺激や恩恵を受けているので、わが家の風景や、家もまた、近所に住む人や友人とシェアをする。そんな風に家とつきあっていきます」。

非日常を感じさせる空間づくりが結果的に家の狭さを忘れさせてくれる

デザインと設計の力で狭い家の問題を解決する、家づくりのパートナーとして選んだのは、ニコ設計室。こぢんまりとはしているものの、家の中にいるときもまるで森の木陰にいるような住まいになりました。竣工翌年には住宅建築賞を受賞するほどの家です。天井の高さや窓からの借景のおかげで、狭苦しさはなく、のびのびした気持ちになるお宅。意外なのが、この家

階段を降りてダイニングを見たところ。非日常的な空間が広がります。木の幹、葉をイメージして壁は茶色、天井は緑に。窓の外に見える木もあいまって、木の下でくつろいでいるかのよう。

には白壁がほぼないということ。狭い家なら白を選ぶというのは、だれもが思いつくような定石のアイデアになっていますが、飯島さん宅ではまったく逆の選択です。「色のおかげで、狭いところに立体感が生まれる気がします」。壁が直線でないところも注目ポイント。曲線の壁や、シックな色合いの壁と天井が非日常感をもたらし、白&直線壁に慣れている目には新鮮に映るので、広さ狭さの感覚を麻痺させてくれているのかもしれません。

ダブル・ミーニングの空間づくりを心がけたという飯島さん夫妻。設計の力やモノの持ち方だけでなく、狭い家を住みこなすコツはそのあたりにもありそうです。尚子さんがいう、ダブル・ミーニングとは、ひとつのモノや場所がふたつの意味合いを持っているということ。134ページの鈴木さんのいうマルチユースと同じこと。

例えば、1階のキッチン&ダイニングに、玄関の役割も持たせる。

2階の寝室はリビングの役割も果たし、ベッドはソファとしても機能。

ダイニングテーブルは食卓でもあり、仕事をする場にもなります。

そして、なんとごみ箱は、スツールとしても使えるモノを選択。

「それから、狭い家では使う道具のデザインがとても重要だと思います」。開放感を得るために

右上：丸見えになるから、コンロは奮発して「ヴァイキング」に。存在感抜群のかっこよさです。右下：ごみ箱はスツールとしても使えるモノを。ぱっと見、ごみ箱とは分かりません。左：壁に造り付けた棚は曲線に。飾りながら、収納ができる場所です。

仕切り壁や扉は最低限なので、モノを隠すことができず、キッチンコンロのような大きなモノから小さなツール類までもが丸見えに。だからこそ、見て美しい、好きと思えるデザインのモノを選ぶ必要があり、そのおかげで狭い家でも雑然としないわけです。

出しっぱなしにしておけるデザインやダブル・ミーニングのモノを選ぶと、安くはないことも多いそうですが、そのおかげで狭い家の暮らしが快適になるのだから、ここは投資すべきところ。ソファとベッドを別に買ったり、美しくないからと扉付きの収納庫を置いて隠したりすることを思えば、決して高い買い物でもありません。

こうやって細部までこだわって気持ちよく暮らせるようになったこの小さな家での暮らしに、最近新たな変化が訪れています。なんと、週末は海外からの旅行者に民泊として一軒まるまる貸し出しているのです。「これも、シェアの一環。旅行者たちは、東京のスモールハウスでの経験をとても喜んでくれています」。

そして、家を貸し出している間、ふたりはどうしているかというと、民泊で得た収入で千葉の九十九里浜に家を借り、週末別荘暮らしをはじめたのだそう。

購入したマンションを出て違う場所に住んでみたり、土地に惚れ込んで家を建ててみたり、週末別荘暮らしをしてみたり。とにかく柔軟に自由に生きる飯島さん夫妻。「贅沢だといわれることもあるのですが、ホテル滞在ではなく、別の場所に暮らすということは、世界旅行に匹敵するくらい人生観の変化をもらえる体験。そこに投資しているという考え方なんです」。

こんなに自由に生きられるのも、飯島さん夫妻がはじめから小さな暮らしを選んできたからこそ。最初に新築の広いマンションを買ってしまっていたら、なかった人生です。あえて選んだ、狭い家の究極の形かもしれません。

キッチンは完全に一からのオーダーで造ったモノ。いつも目に入っている状態になるので、扉を付けて雑多なモノをしまい込める状態にしています。シンクの下の引き出しには、鍋、ボウルなどの調理器具が。

玄関のすぐ脇にある造り付けの棚。下に靴を収納しています。収納スペースばかりを優先させず、間（ま）を設けて、飾ることを楽しむ場所をつくっています。

上：屋上に出るための廊下も兼ねているウォークインクローゼット。右下：飾るように本を収納しているので圧迫感はありません。左下：リゾートホテルのような浴室。スペースの関係で浴槽が縦に。

教えてください!

Q & A

Q
こまごました書類は、取っておかないの?

保険、税金、建築関係の書類などは、もちろん捨てずに取ってあります。２階のクローゼットの入り口上部に棚を付けてもらったので、ファイルに入れて並べています。ファイルは「イケア」で購入。偶然、わが家と合う色味のモノが見つかりました。

Q
スーツケースやふとんはどうしてるの?

冬、夏で分けておらず、寒くなったら毛布を重ねる程度なので、かさばるほどは持っていません。ベッドの下が収納場所です。引き出しを引き出す場所がないので、跳ね上げ式の収納ベッドを選びました。スーツケース代わりの旅行バッグもここに。

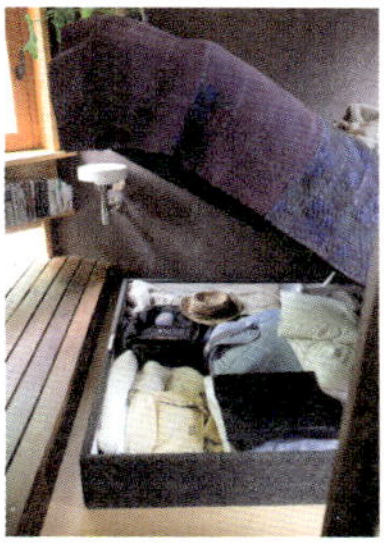

Q
瓶、缶などの分別ごみはどうしているの?

スツールとしても使えるモノを２個選び、ごみ箱で部屋を狭めないようにしています。1個は燃えるごみ、もう１個は瓶、缶、ペットボトルをとりあえずいっしょに。たまったら庭に置いたごみ箱へ移動。ごみ問題はマンションのほうがラクでした。

Q
テレビは見ないの?

テレビが大型化して、気に入るデザインのモノが見つからないと思いながら、10年ほど経ってしまいました。プロジェクター＋スクリーンを設置できるように設計してありますが、使わない気がします。動画もパソコンで見られますし、十分です。

47㎡
2人暮らし

加藤郷子宅
編集者兼ライター

掃除や片づけがラクで金銭的負担も減る。モノも増えないから身軽。狭い家のメリットを存分に享受

かとうきょうこ　出版社勤務後、編集者兼ライターとして独立。暮らしまわり、とくにインテリア、収納、料理をフィールドに活動している。共著書に『パリで「うちごはん」、そしておいしいおみやげ』（小学館）、編集本に『アートと暮らすインテリア』（パイインターナショナル）など。

ワンルームを奥から寝室、リビング、ダイニングとゾーンを分けています。キッチンに立っていても寝室に飾っている花を愛でられるのはワンルームならではのメリット。

がんばって広い家を選ぶより、購入価格を抑えて、身軽さをキープ

ここまで、7家族の、あえて選んだ狭い家での暮らしを取材し、ご紹介してきました。この取材を担当したライター加藤も、狭い家に暮らしており、狭い家の魅力を日々感じているので、最後にひとつの例として併せて紹介させていただきます。

私が暮らすのは47平米のマンション。夫とふたり暮らしなので、ここまでにご登場いただいたお宅に比べると狭くはないかもしれません。とはいえ、私がフリーランスで、自宅で仕事をしているので、そのスペースを考えると、やはり広いほうとはいえないでしょう。

このマンションに引っ越したのは、9年前。引っ越し前は65平米ほどの3LDKに住んでいたにもかかわらず、なぜ、狭くなる選択をしたのかというと、私の仕事が忙しくなり、もう少し便利なところに引っ越したいと考えたことが理由です。そのときの住まいは広かったものの、駅から遠く、電車の便もあまりよくなく、あちこち出歩くライターには、向いていない住まい

「イケア」のキッチンパーツを利用して、造ってもらったキッチン。壁の棚には頻繁に使うお茶類を。外に出しておくモノは、自然素材、黒、白、シルバー色にできるだけ限るようにしています。

でした。また、インテリアなど、暮らしに関する取材を長年していて、リノベーションをしたお宅にお邪魔することも多く、その暮らしやすさや楽しさをたくさん見聞きしていたので、ぜひともチャレンジしたいという気持ちが盛り上がってもいました。

というわけで、賃貸ではなく、購入するための物件を探しはじめたのですが、はじめから狭いところを狙っていたわけではありません。広い物件も見ていたのですが、当然、価格ははね上がり、いいと思ってもなかなか決断ができませんでした。夫の職場に通いやすく、私の仕事にも便利な場所と考えて絞っていくと、なじみのないエリアが候補となり、一生モノの家を構える決断ができなかったことも理由のひとつです。広い家を選べば、ローンの期間も長くなり、身軽には動けなくなる。今後もずっとその家に縛られ、ほかの土地に住めなくなるかもしれないと思うと、自然に予算も抑えめになり、狭い家が候補になっていったのです。

そして見つけたのが、今のマンションです。夫にも私にも便利な場所で、値段も無理をしなくていい範囲。窓からの景色に緑が多く、空も広々と抜けていて気持ちがいい。内装も建てられた当時のままだったので、リノベーションをするのにも気兼ねがなく、少し狭いかもと思いつつ、購入を決めました。

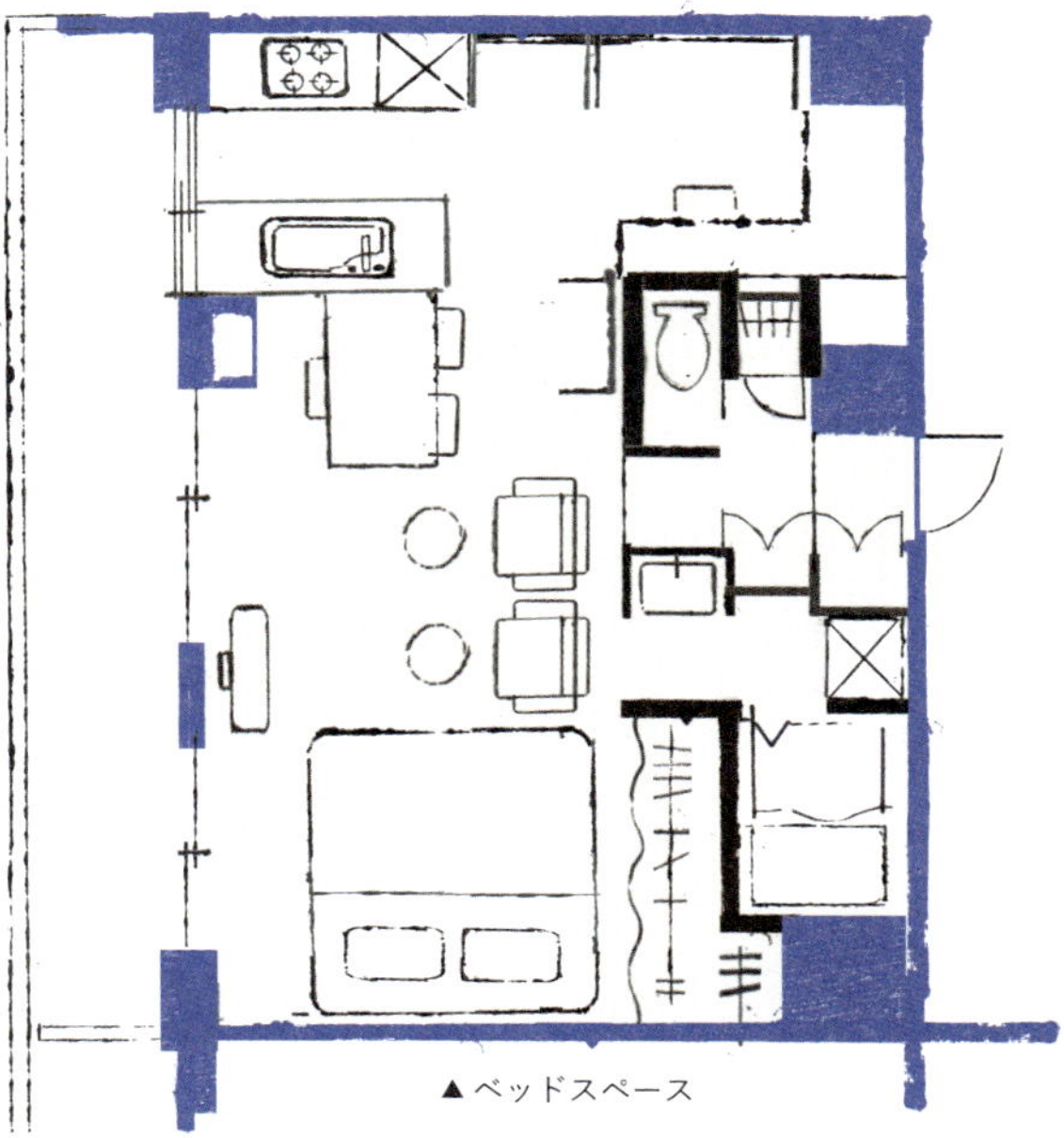

DATA

２人暮らし（40代後半の夫婦）

47㎡ 変則ワンルーム（ＬＤＫ＆寝室18畳＋書斎2.2畳）

築21年（住んで９年）

集合住宅（持ち家）

東京都北区

駅徒歩５分

リノベーション依頼先：スタジオコンボ　www.studio-combo.com

広い家は片づかないし、大変。そう感じていたことも、狭い家を選んだ理由

狭いと思いつつ、決断できたのは、「広い家は片づかないし、大変」と、漠然と感じていたから。結婚をして最初に住んだ家は、100平米越え。掃除機をかけるだけでも、ひと仕事でした。家事をするにも、あちこち移動する必要があり、ついつい置きっぱなしにしたり、後回しにしたり。当時は専業主婦だったにもかかわらず、家全体のケアをするのは大変だったので、働きながらでは到底できないと思います。

その後に住んだところも、1部屋が余る状態だったので、気がつけば、なにか届いたときの段ボールがそのまま置かれている状態に。すぐに片づけなくても生活には支障がないので、ずるずるとそのままになっていることがしょっちゅうでした。使わない部屋ということもあり、たまにその部屋に入ると、情けないことながら、全体がほこりっぽい状態。根がこまめに動くタイプではない私には、広い家をきちんと管理することは、自分には向いていないとなんとな

く分かってきていたのです。

実家の影響も大きかったかもしれません。田舎の家に育ったこともあり、実家は狭いという悩みとは無縁。それどころか、子ども部屋用の離れがあったり、祖父母が住んでいた家がそのまま残されていたり。どの部屋も空っぽということはなく、生活の雑多なモノがたくさん残っています。両親の名誉のためにお伝えすると、決してごみ屋敷ではありません。でも、曾祖母、祖父母、そして独立した子どもたちが残したモノなど、あの家には恐ろしくたくさんのモノが

上：冷蔵庫の側面にマグネットホルダーやマグネットフックを取り付け、キッチンツールの定位置に。下：掃除をしやすくするための仕かけはあちこちにあり、コンロの横には端切れを起きました。汚れたらすぐ拭いてごみ箱へ。使い捨てなので、ラク。

しまわれていると思います。場所があるということは、モノの処分を後回しにしてしまうということ。今、父がひとりで暮らす広い家の大変さを、現在進行形で目の当たりにしているので、その重荷を想像するだけでも、「広い家＝いいこと」とは、思えなくなっていました。

狭い家のおかげですぐ片づけるし、掃除もラク。モノが増えすぎることもない

今の家に住んでからは、届いた段ボールはその日のうちに中身を出し、畳むようになりました。狭いので、掃除もあっという間。ワンルームで段差も仕切りもないので、ロボット掃除機にまかせておけば、家中の床はすべて掃除してくれます。生活に支障が出てくるので、少しモノが増えてきたら、自然に整理をするようにもなりました。モノを買うときも、家に置けるかどうかをすごく意識するので、適度な制約になり、衝動買いも減った気がします。仕事柄、本や雑誌が増えるので、もう少し本棚を増やしたいと思うこともあります。でも、今の状態でも

キッチンの並びに仕事場を配置。ここだけちょっと奥まっているので、散らかっていても生活スペースからは見えず、気がラクです。鍋で煮込みをしながらでも、仕事ができるので時間短縮に。

丸見えのベッドですが、ベッドカバーをかければ、案外すっきりして違和感もありません。ベッドカバーを広げるだけですが、部屋が一気に整った気持ちになるので、布１枚の効果は大です。

持っている本をパッと見つけ出せないことがあるので、やっぱり狭いと思いながら、がんばって整理しているくらいがちょうどいいのだと思います。

20年近く前に、取材させていただいた方がおっしゃっていた言葉をよく思い出します。「きつくなったからとゴムのスカートをはくとさらに太るのと同じで、モノが増えたからと収納場所を増やすと、さらにモノが増える」というもの。その方は収納の少ない家に引っ越しをして、モノがあふれてきたことを解決したとおっしゃっていました。そのころは、「え〜！　そんなことをしたら、ますます片づかなくなる」と心の中で思ったのですが、この家に住むようになってから、その意味がよく分かります。収納場所の多寡を、広さ狭さに置き換えても同じこと。家が広いと、それだけ歯止めがなくなり、モノは増えてしまう。狭い家は、ベルトをキュッと締めるかのような役割を果たしてくれているようです。

もちろん、広くて収納スペースが多くても、モノと上手につきあいつつ適量のモノで暮らしているお宅もたくさん取材をしていますし、あふれるようにモノがあっても、それを重荷と感じず、楽しくすてきに暮らしているお宅もいっぱい見てきています。ただ、私には狭い家の制約が必要だったというだけ。この家のおかげで、こまめに片づけることによる快適さを知り、モノを増やさない身軽さを知りました。狭い家での暮らしは、私に新たな暮らしの習慣をくれたと思っています。

本当に必要なモノは多くない。「あると便利」なのか、「ないほうがラク」なのかに思いを巡らせる

狭い家では、必然的にモノは多くは持てません。わが家は見せる収納が多いこともあり、たくさんモノがあるように見えますし、今回取材したほかのお宅に比べると、モノが多いほうだと感じましたが、モノの量は増やさないように、かなり意識しています。

56ページ~の柳本さん同様、暮らしに必要なモノは、ほんの少しでいいと感じる経験を私もしました。結婚をして最初に住んだのが夫の転勤先の海外だったこともあり、それまでに別々に住んでいたふたりのモノを短期間にすべて見直すという作業をすることになったのです。引っ越し先には家具はすべて揃っているので、それ以外に必要なモノを送る必要があったのです

寝室側からキッチン方向を見たところ。収納が少ないこと、出したままのほうが調理がラクなことから、出しっぱなし収納が多くなっています。できるだけ色のトーンを揃えてごちゃつかないようにしているつもりですが、こうやって見るとモノが多いですね……。

が、これがすべて自費だったこと、当然、海外までの運搬費は安くないということもあり、持っていくモノ選びはかなり慎重になりました。また、元の家をそのまま残していくわけではなかったので、実家に送るにしても、これまた、それなりにお金がかかります。モノを取っておくためにお金がかかるとなると、人は意外にシビアになるもので、残すかどうか、かなり真剣にモノと向き合いました。そして気がついたのは、いかにたくさんのモノを持っているか、そして本当に必要だと思うモノは少ないという事実。引っ越した先での暮らしを通して、少ないモノだけでも十分暮らしが回り、モノが少ないと暮らしがラクということも実感しました。

もちろん、世の中にすてきなモノは多いですし、個人的に所有していたいモノもある。実際、わが家には実用品ではない、飾るためのモノも多く、なかなか不要なモノは持たないとまでは、いいきれない暮らし方をしています。でも、ことあるごとに、例えば、なにかを買おうか迷ったときに、これがあると便利だな、楽しいだろうなと感じながらも、これがない暮らしのラクさ、負担の少なさにも気持ちを巡らせるようになりました。

モノは「あると便利」ということで買ったり、迷っても捨てられなかったりすることがあります。でも、一方でたくさん持っていることで、モノの出し入れがしにくくなる、管理の必要ひとり暮らしのときに購入した食器棚は、20年以上のつきあい。元々は棚が４段しかなかったのですが、下３段にはホームセンターで切ってもらった板を足して段を増やし、器を出し入れしやすく工夫。

性が生まれるなど、「あると不便」「ないほうがラク」ということもある。このことを実感したことで、モノは増えすぎなくなった気がします。

ワンルームだから、狭い家でも広々感じられ、行動をリンクさせることができる

わが家は入居する前に、元の間取りをすべて取り壊してリノベーションをし、ワンルームにしました。これも、はじめからワンルームにするつもりだったわけではなく、当初は仕切りとなる、引き戸を付ける予定でした。でも、リノベーションを進めていくうち、予算内で収めるために、いくつかの造り付けの工事をあきらめることに。そのひとつが、この引き戸を付けないという選択でした。暮らしてみて、やっぱりあったほうがいいという結論になったら、後から追加しようということで、スタートしました。

でも、実際の暮らしがはじまると、ワンルームの広々とした空間の便利さ、心地よさにすっ

ベッドに向かって左側のカーテンの奥がクローゼット。扉と違ってカーテンだと全開できるので、中に入れるモノに制約がなくなり、便利です。奥行きがあるので、奥と手前の２段構えにして収納力をアップさせています。

かりはまりました。いくら狭いとはいえ、ほぼ全体がワンルームなので、広々感じます。もし壁があったら、空間の使い方が分断されますが、ワンルームだと互いをリンクさせながら使えることもメリット。ベッドとソファがくっついた形で置かれているので、寝室にソファがあるかのように使えます。すると寝室でごろごろしている人と、リビングで本を読んでいる人が、自然に会話できます。ダイニングとリビングが接近しているので、ひとりがダイニングで、ひとりがリビングでというくつろぎ方をしていても、同じテレビを見ることも可能です。さらにキッチンと仕事場は、徒歩3秒。仕事の合間の息抜きにキッチンに立つことも簡単です。また、寝室のコーナーに私はよく花を飾るのですが、ここは寝室にもかかわらず、ダイニングからもキッチンからもよく見えるので、あちこちに花を飾らなくても満足感が得られます。

〝ついで片づけ〟、〝ついで掃除〟がしやすいのもワンルームの魅力です。例えば、ダイニングの床のパンくずを掃除するついでに、そのまま寝室まで掃除機をかける。寝室のクローゼットからなにかを取り出すついでに、リビングに出しっぱなしになっているモノに気づいて、ついでに片づける。こんな風にそれぞれが近く、互いが丸見えだから、自然に、〝ついで家事〟をするようになりました。そのおかげで部屋が片づくというメリットにつながっています。

狭い家を選んだことで、身軽に動ける。
そう思っているだけで、気持ちが自由に

狙ってはじめた狭い家でのワンルーム暮らしではありませんでしたが、すでに9年が経過。モノは増えたとは思いますが、劇的にではありません。今となっては、これだけ快適な空間はなかなかないと自画自賛しているほどです。

私は引っ越し魔なので、また引っ越したいという気持ちはつねに抱えています。だからこそ身軽な気持ちでいられるよう、ローンの負担が少ない狭い家を選んだのですが、ここの暮らしが快適すぎてなかなか引っ越せずにいます。じつは、この取材がはじまる1カ月ほど前に購入の申し込みをした家がありました。ずっと住みたいと思っていたエリアで、なにより眺望がすばらしかった。結局タッチの差で購入できなかったのですが、そこも今の住まいとほぼ変わらぬサイズでした。狭い家にこだわっていたつもりはなかったのですが、自分がより優先する条件が揃うのであれば、狭くてもいいと夫婦ともに思っているのは確かなようです。

もっと広くて、ローンをたくさん抱えるような家をはじめに購入していたら、こんな風に気軽に引っ越しをしたいと言えなかったと思います。実際には、まだ引っ越しはできていませんし、今後もしないかもしれません。でも、いつでも気軽に引っ越せるし、そのワクワク感を現実のものとして想像できるのは、金銭的負担がそれほど重くなく、また、モノの持ち方もシンプルになったおかげ。それは、やはり狭い家を選んだから。狭い家での小さな暮らしを選択したことは、私たち夫婦の気持ちを自由に、身軽にしてくれていると感じています。

めんどうくさがり屋なので、掃除がラクになる工夫をあちこちに。テーブルの下、洗面所には、わざわざ掃除道具を取りに行かずにすむよう、ブラシを吊るしています。段差も仕切りもないので、ロボット掃除機の実力がいかんなく発揮できる環境です。

よく聞かれます！

Q & A

Q
瓶、缶、段ボールなどの
分別ごみはどうしているの？

それぞれにごみ箱を用意すると、かなり場所を取るので瓶、缶、ペットボトルは同じ箱の中に。マンションのごみ集積所で仕分けます。段ボールはよく届くので、玄関のクローゼット内にスペースをつくり、そこに入りきらなくなったら集積所へ。

Q
スーツケースや
ふとんはどうしてるの？

P183のクローゼットの中にチェストを入れているのですが、その後ろにスーツケースの大小を積んで収納しています。ふとんは2組しかありませんが、夏は羽毛布団を使わないのでコンパクトに収まる収納ケースに入れてクローゼット内の天袋に。

Q
狭い家の暮らしに
向いている人は？

適度にずぼらなところがあって、自分を甘やかしがちな人。制約があることで、片づけやモノの整理をやらざる得なくなるのでがんばれます。とはいえ、本当のずぼらだとモノに押しつぶされる可能性あり。コレクタータイプの人も厳しい気がします。

Q
来客が泊まるという
シチュエーションはないの？

私の父がよく東京に出てくるのですが、ここは割りきって駅前のホテルを毎回取るようにしています。多いといっても年に2回程度。駅も近く、きれいなビジネスホテルがあるので、もう1部屋やふとんを用意する負担を考えて、その選択に至りました。

おわりに

「〝狭い家〟として、取材させてください」

はじめて会う人がほとんどなのに、
人のおうちを狭いと言うなんて。
こんな失礼な言い草あるかしら?と
ちょっと心配しながら取材を申し込みました。
ところが、みなさん快く取材を受けてくださったばかりか
〝狭い〟と、うたうことも快諾でした。

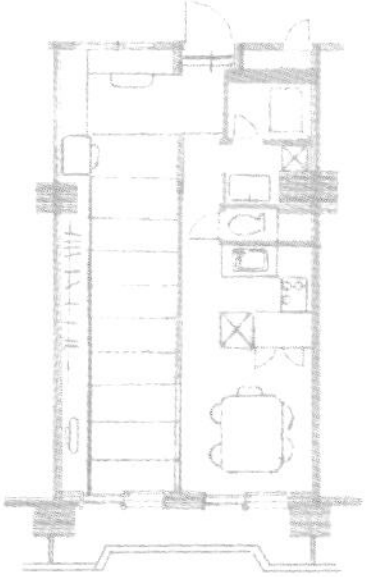

取材を終えてみれば、それも当然のこと。
狭いと言ったら、失礼と考えること自体が、
間違っていたことに気づかされました。
こう考えてしまったのは、
狭い＝マイナスとの気持ちがどこかにあるから。
でも、狭い＝プラスなんだから、
それをうたうことに、ためらいなどなかったのです。

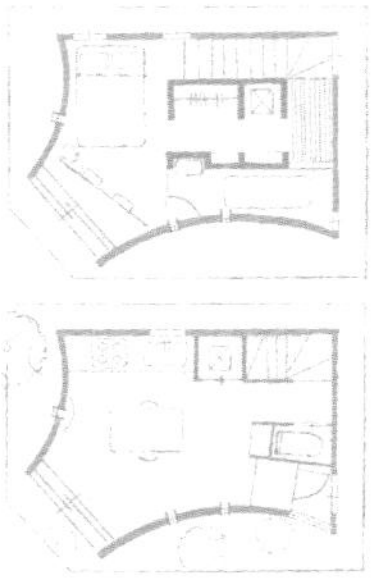

狭い家で豊かな暮らしをする人たちは、
みなさん、自分たち家族が大切にしたいことの
優先順位がよく分かっています。
だから、狭いことを前向きな選択肢として捉えられるのです。
だから、狭いことのプラスの側面に目を向けられるのです。

狭いことのマイナスの側面ばかりを見ながら暮らすよりも
本当に狭いにしても、それほど狭くないにしても、
「うちには、こんなにいいことがいっぱい！」と考えると
暮らしはぐっと楽しくなるし、工夫も生まれてくる。
そして、暮らしはどんどん心から豊かになる。

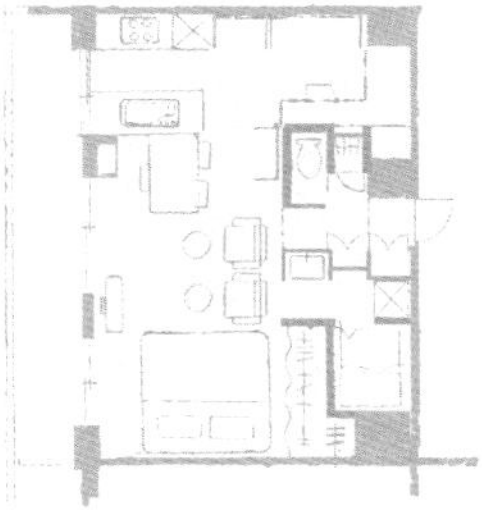

取材をさせていただいたみなさま、
この本に関わってくださったみなさま、
そして、この本を読んでくださったみなさまに、
心から感謝申し上げます。

加藤郷子

編集・文　加藤郷子
撮影　林ひろし
イラスト　濱　愛子
ブックデザイン　knoma
校正　東京出版サービスセンター
企画・編集　杉本透子（ワニブックス）

あえて選んだせまい家

著者　加藤郷子
2016年12月20日　初版発行

発行者　横内正昭
編集人　青柳有紀
発行所　株式会社ワニブックス
〒150-8482
東京都渋谷区恵比寿4-4-9　えびす大黒ビル
電話　03-5449-2711（代表）　03-5449-2716（編集部）
ワニブックスHP　http://www.wani.co.jp/
WANI BOOKOUT　http://www.wanibookout.com/

印刷所　株式会社美松堂
DTP　株式会社オノ・エーワン
製本所　ナショナル製本

ISBN 978-4-8470-9525-2